情報検定

情報活用試験

公式 テキスト

3級

監修：一般財団法人 職業教育・キャリア教育財団

J検

実教出版

　一般財団法人職業教育・キャリア教育財団（略称：TCE 財団）は，広く社会に対して職業教育・キャリア教育の振興に資する事業を行っており，その中核の一つとして，文部科学省後援情報検定（Ｊ検）があります。

　Ｊ検は，情報化社会を生きるうえで必要な「基礎力」と「思考力」を養成するというコンセプトのもと，30 年以上に渡り実施されている文部科学省後援の検定試験です。これまで時代の変化に対応しつつ幾度かの改訂が行われており，現在は「使う―情報活用試験」，「創る―情報システム試験」，「伝える―情報デザイン試験」という各テーマに即した 3 つの独立した試験体系で実施されています。

　その中でも「使う」をキーワードとした「情報活用試験」はパソコン，ソフトウェアの利用はもちろん，ネットワーク環境，企業活動，情報モラル・セキュリティなど情報化社会を生きるうえで必要な基礎知識を幅広く網羅しており，1 級，2 級，3 級の各評価基準のもと情報リテラシー（利活用）能力を測定することができます。同時にＪ検の教育内容は情報系国家試験対策や各教育段階での体系的な情報教育の一環として幅広く活用されています。また，社会人の学び直しや日常生活での正確な知識習得などさまざまな場面でも役立つものとなっております。

　本書の発刊にあたり「情報活用試験」公式テキストを学習された方々が，Ｊ検へのチャレンジを通じて知識や能力を修得するとともに，年々高度化される情報化社会に主体的にかかわっていく姿勢を身に付けてくれることを期待しております。

　最後に，ご執筆にあたられた皆様に感謝の意を表し，今後も情報教育の現場においてご活躍されることを祈念しております。

令和 2 年

一般財団法人　職業教育・キャリア教育財団

目次••••••••••

●文部科学省後援　情報検定・情報活用試験の試験案内 ─────── 6
●文部科学省後援　情報検定・情報活用試験　出題範囲 ─────── 8

第1章　パソコンの基礎 ………………………………11

1　情報とは ───────────────────────── 11
　情報とデータ／ディジタルとアナログ／ビットとバイト／コンピュータで使われる単位

2　情報を収集するための検索方法 ──────────────── 14
　いろいろな情報検索／条件の組み合わせ

3　問題を解決するためには ────────────────── 16
　問題の発見から解決まで／問題解決のための表現と手法

4　パソコンの構成と仕組み ────────────────── 17
　五大装置とその機能／パソコンを構成する装置／インタフェース

5　オペレーティングシステムとは ─────────────── 30
　オペレーティングシステム（OS）の役割／OSの種類／ウィンドウの操作とユーザインタフェース

6　ファイルの管理 ───────────────────── 34
　フォルダとファイル／ファイルの形式と拡張子

7　プログラム言語 ───────────────────── 36
　プログラム言語の分類／プログラム言語の種類

●章末問題 ──────────────────────── 38

第2章　ネットワーク……………………………43

1　インターネットとは ──────────────────── 43

2　インターネットへの接続 ────────────────── 44
　FTTH／CATV／テザリング／FWA／ADSL／その他の接続／契約方式について

3　ローカルエリアネットワーク ──────────────── 46
　LAN／LANの特徴と目的／サーバ用OS／ネットワークへの利用／LANの形態

4　LANの構成要素 ───────────────────── 48
　NIC（Network Interface Card）／HUB（ハブ）／ケーブル／ルータ／無線LAN

5　プロトコル ──────────────────────── 51

6　IPアドレス ─────────────────────── 52
　IPアドレス／IPアドレスとドメイン名

7　サーバの種類 ────────────────────── 53

8　WWWの仕組みと利用 ─────────────────── 54
　WWWの仕組み／Webブラウザ／HTML／文字化け／URL／ブックマーク（お

気に入り）／検索サイト／プラグイン／ CGI ／ JavaScript ／ Cookie ／ファイル
の転送／ブログ／チャット／ SNS

9 電子メール（ E メール）の仕組みと利用 ————————— 58
電子メールの仕組み／電子メールソフト／メールの送信／メールの受信／
メールの返信／添付ファイル／メーリングリスト／ Web メール／メールマ
ガジン

●章末問題 ————————————————————— 63

第3章 アプリケーションソフトの利用…………65

1 日本語ワープロソフトの使い方 ————————————— 65
日本語ワープロソフトの機能／基本的な編集／文書の印刷／使い方の応用／文書の
保存

2 さまざまなアプリケーションソフト ————————————— 76
表計算ソフト／データベースソフト／ Web ブラウザ／電子メールソフト／画像編
集ソフト／プレゼンテーションソフト／ CAD ソフト／オーサリングソフト／ DTP
ソフト／ DTM ソフト／動画編集ソフト

●章末問題 ————————————————————— 78

第4章 情報社会とコンピュータ………………79

1 身近なコンピュータシステムと暮らし ———————————— 79
コンピュータ・ネットワーク技術の進歩／社会の中のコンピュータシステム／変
わっていく社会

2 情報社会の光と影 ———————————————————— 86
情報社会の光／情報社会の影

●章末問題 ————————————————————— 92

第5章 情報モラル………………………………94

1 情報社会と情報モラル ——————————————————— 94
情報社会の問題点／情報社会における個人／知的財産権と著作権

2 ネットワークの利用時の注意点 ————————————————— 96
ネットワークの利用とセキュリティ／インターネットを利用する際のルールやマ
ナー

●章末問題 ———————————————————— 100

●章末問題　解答・解説 ——————————————— 102

●索引 ——————————————————————— 109

一般財団法人職業教育・キャリア教育財団主催　文部科学省後援
情報検定・情報活用試験の案内

　　情報検定（J検）は，日常生活や職業生活において必要とされるあなたのICT能力を客観的基準で評価する文部科学省後援の検定試験です。

■ 実施要領

●ペーパー方式（全国一斉実施）
◇試験日

$\left.\begin{array}{l}3級\\2級\\1級\end{array}\right\}$ 年2回 $\left(\begin{array}{l}6月\\12月\end{array}\right)$

※団体受験のみを実施。
ペーパー方式の詳細は「検定試験センターのホームページ（URLは次ページに記載）」を確認のこと。

◇試験会場
　　規定により指定された全国の教育機関など

● CBT方式（通年実施）
◇試験会場・日時
※団体受験と個人受験を実施。
団体受験：試験日時は自由に設定。
　　　　　　会場は出願団体の施設。
個人受験：指定の期日・会場で実施。
　　　　　　地域により異なる。
CBT方式の詳細は「検定試験センターのホームページ」を確認のこと。

●受験資格
　　受験資格は特に定めない。

●区分と程度

3級：すでに環境設定されたパソコンを利用できる人を対象とする。
　　　情報化に主体的に対応するための基礎的な知識。また，クライアント環境のパソコンの操作・利用と役割，機能，および情報の利用，情報モラル，セキュリティなどに関わる基礎知識。

2級：情報化社会での企業活動を理解するための基礎的な知識を持っている人。また，ネットワークに接続されたパソコンを利用し，業務ができる人を対象とする。
　　　情報社会の仕組みを理解するための基礎的知識。また，クライアント環境のコンピュータと各種機器の役割と機能，環境設定の基礎知識，ソフトウェアの種類と機能，インターネットおよび情報モラルと情報セキュリティなどの基礎知識。

1級：ネットワーク化された環境において，情報機器の設定や操作，活用における基本的な知識と技能を持つ人。さらに情報の加工や活用ができ，情報化および情報社会の中に関わっていく人を対象とする。
　　　情報化社会で生活するための実践的能力を評価する。ネットワーク環境にあるコンピュータと各種機器の役割，アプリケーションソフトを活用した問題解決技法と知識，情報化社会に関わる諸問題および情報セキュリティに対応できる応用知識。

●試験科目・試験時間・配点 （時刻はペーパー方式。受験案内参照）

級	説明時間	試験時間		合格点/配点
3級	10：00～10：10	10：10～10：50	40分	70/100
2級	11：05～11：15	11：15～12：15	60分	65/100
1級	13：20～13：30	13：30～14：30	60分	65/100

●出題形式

多肢選択方式

●各級の合格点 （100点満点）

3級……70点

2級……65点

1級……65点

●合否結果・合格認定

合否結果はすべて Web 上で行う。

合格者には，デジタル合格証を交付する。

詳細は「検定試験センターのホームページ」参照。

●表彰

成績優秀者には次の表彰をする。

文部科学大臣賞（1級のみ）

一般財団法人職業教育・キャリア教育財団理事長賞・優秀賞

●J検に関する問い合わせ先

一般財団法人

職業教育・キャリア教育財団

検定試験センター J検係

〒102-0073 東京都千代田区九段北 4 - 2 -25

TEL. 03-5275-6336　FAX. 03-5275-6969

https://jken.sgec.or.jp/

《注：内容が変更になる場合があります。受験の際は必ず「情報検定（J検）ホームページ」にて，検定実施要項等をご確認ください。》

情報活用試験出題範囲

3 級

受験対象	すでに環境設定されたパソコンを利用できる人を対象とする。
評価内容	情報化に主体的に対応するために基礎的な知識。 また，クライアント環境のパソコンの操作・利用と役割，機能，および情報の利用，情報モラル，セキュリティなどに関わる基礎知識。

出題分野(大項目)	出　題　概　要
情報表現と処理手順	●情報手段としてのパソコンの在り方とその使用法を理解する。 ①情報の理解と，情報や手段の適切な選択 ②情報の収集，伝達の在り方とパソコンの利用 ③問題解決の方法
パソコンの基礎	●パソコンの基本構成とその取り扱いを理解する。 ①パソコンの代表的な装置と媒体，および OS の主な役割 ②データ保存の形式とファイルの管理の仕組み
インターネットの基礎	●インターネットの基本的な仕組みを理解する。 ①インターネットの特徴とプロバイダの役割 ②プロトコルを理解する
インターネットの利用	●インターネットの利用方法を理解する。 ①ブラウザの利用 ②電子メールの利用 ③利用するために必要な設定
情報機器の基本操作	●パソコン，情報機器の基本操作，およびアプリケーションソフトを利用した情報の検索，収集，伝達の適切な方法について理解する。 ●主なアプリケーションソフトの種類と目的について理解する。 ①パソコンや情報機器の取り扱い，基本操作 ②アプリケーションソフトごとの基本的な利用
情報社会とコンピュータ	●日々の生活とコンピュータの関わりを理解する。 ①身近なコンピュータシステムの役割（e ラーニング，e コマース，SOHO，POS システム，マイコン制御など） ②セキュリティ ③高度情報化の進展における問題点
情報モラル	●情報モラルを理解する。 ①情報モラル ②ネチケットに関する基礎的な知識

アプリケーションソフト等の扱いについて

1 級では，情報活用に関連する操作・取り扱いについての問題も出題されます。
2 級では，原則として【HTML・表計算・プレゼンテーション】にもとづいた問題も出題されます。
3 級では，原則として【プレゼンテーション・ワープロ・Web ブラウザ・メーラー，PC 基本操作】にもとづいた問題も出題されます。

受験対象	情報化社会での企業活動を理解するための基礎的な知識を持っている人。また，ネットワークに接続されたパソコンを利用し，業務ができる人を対象とする。
評価内容	情報社会の仕組みを理解するための基礎的知識。 また，クライアント環境のコンピュータと各種機器の役割と機能，環境設定の基礎知識，ソフトウェアの種類と機能，インターネットおよび情報モラルと情報セキュリティなどの基礎知識。

出題分野(大項目)	出 題 概 要
経営戦略とシステム戦略	●経営戦略とシステム戦略の基礎的知識について理解する。 ①企業活動（コーポレイトガバナンス，損益分岐点，個人情報管理，在庫管理，QC） ②経営戦略（マーケティング分析，PPM，競争地位分析，BSC，SWOT 分析，コアコンピタンス，アライアンス） ③情報システム戦略（ERP，CRM，KM，SFA，DSS，POS，e ビジネス，PDCA，クラウドコンピューティング）
プロジェクトマネジメント	●プロジェクトマネジメントに関する基礎的知識について理解する。 ①プロジェクトマネジメント（ステークホルダ，PMBOK，WBS，PERT） ②サービスマネジメント（BCP，SLA，インシデント管理） ③システム開発マネジメント（ファンクションポイント法，システム開発手法，モジュール分割技法，テスト技法）
データ構造と情報表現	●コンピュータにおける情報表現とデータ構造について理解する。 ①データと情報 ②コンピュータにおける情報の表現 ③データ構造と操作
問題解決処理手順	●問題解決技法について理解する。 ①問題を改善するための方法 ②基礎的なモデル化の方法 ③情報を処理するための基礎的な手順
パソコンの基礎	●パソコンの仕組み，および情報の表現について理解する。 ①コンピュータの種類，および動作原理 ②周辺機器の種類と役割 ③ファイルシステムの基礎知識 ④パソコンの利用環境，および環境設定 ⑤ヒューマンインタフェース ⑥マルチメディア ⑦データベース
インターネットの基礎	●インターネットの利用や基礎的な仕組みについて理解する。 ①インターネットの利用形態 ②インターネットの基礎的な仕組み ③インターネットの接続 ④ Web ブラウザや電子メールソフトの基礎的な活用 ⑤情報セキュリティ
アプリケーションソフトの利用	●表計算ソフト等を用いた問題解決について理解する。 ①表計算ソフトの基本的な使い方 ②プレゼンテーションソフトを用いた，効果的なプレゼンテーション

参考　1　級

受験対象	ネットワーク化された環境において，情報機器の設定や操作・活用における基本的な知識と技能を持つ人。さらに情報の加工や活用ができ，情報化および情報社会の中に関わっていく人を対象とする。
評価内容	情報化社会で生活するための実践的能力を評価する。 ネットワーク環境にあるコンピュータと各種機器の役割，アプリケーションソフトを活用した問題解決技法と知識，情報化社会に関わる諸問題および情報セキュリティに対応できる応用知識。

出題分野(大項目)	出　題　概　要
情報と情報の利用	●情報の概念を理解する。また情報を収集し整理し役立てるための加工方法について理解する。さらに情報はコンピュータと人間との間でどのような形で表現されるのかを理解する。 ①データと情報 ②情報の表現方法 ③情報の活用，情報処理の手順 ④情報の収集と発信 ⑤情報の管理
パソコンを利用したシステム	●ネットワークに接続されたパソコンを取り巻くハードウェアやソフトウェア，入出力インタフェース，ファイル管理の方法などについて理解する。 ①パソコンシステムとその環境 ②オペレーティングシステム ③ファイルシステム ④パソコン関連機器とインタフェース
ネットワークの利用	●インターネットや LAN などのネットワークを構成する機器や，各種ネットワークの利用形態などを理解する。 ①情報通信ネットワークの概要 ②インターネットを利用するために必要な機器とソフトウェア ③モバイルコンピューティング ④ネットワーク上のパソコンの管理
情報ネットワーク社会への対応	●情報ネットワーク社会に関する知識や，社会とコンピュータネットワークの関わり合いについて理解する。さらに情報ネットワーク社会の諸問題について理解する。 ①情報ネットワーク社会に関する用語，知識　　新聞記事におけるコンピュータ関連用語や，コンピュータ利用技術情報，及び情報機器パンフレット等の内容を理解するために必要な知識 ②社会におけるコンピュータの利用　　社会的インフラとしての情報システムの概要～ビジネス社会，個人生活における情報化の概要，情報ネットワークの進展と，社会，個人への影響 ③知的財産権　　著作権，ソフトウェア特許，ビジネスモデル特許，不正競争防止法（ドメイン名保護）など
情報セキュリティ	●情報ネットワーク社会で必要となるセキュリティについて理解する。 ①ネットワークセキュリティ ②コンピュータセキュリティ
表計算ソフト等を利用した問題解決	●表計算，データベース（SQL を除く）等のアプリケーションソフトを利用した問題解決。

第1章

パソコンの基礎

1 情報とは

1 情報とデータ

　私たちの身の回りには多くの情報がある。日常生活の中では，**情報**と**データ**という言葉を明確に区別して用いることはあまりないが，**JIS**情報処理用語の中には，これらの言葉が次のように定義されている。

JIS (Japanese Industrial Standard)：日本産業規格

JIS 規格番号	名 称	意 味
JIS X 0001 （情報処理用語）	情報	事実，事象，事物，過程，着想などの対象物に関して知り得たことであって，概念を含み，一定の文脈中で特定の意味を持つもの。
	データ	情報の表現であって，伝達，解釈又は処理に適するように形式化され，再度情報として解釈できるもの。

図表 1.1　情報とデータの意味

　たとえば，今ここに赤い円があるとする。色が「赤」であることや，形が「円」であることは，それ自体，特に意味を持たない。この場合の「赤」や「円」をデータという。しかしこれが交差点にある信号機であればどうだろうか。赤い円は「止まれ」を意味することになる。これが情報である。

　また，たとえば20％や90％というデータを考えてみよう。この場合も単なる数値だけではそれほどの意味を持たない。しかし「合格率20％」の試験と聞けば，人はやや難関な試験という感想を持つ。また「降水確率90％」と聞けば，たいていの人は傘を持って出かけることになる。

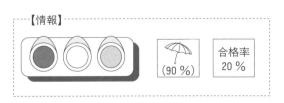

図表 1.2　データと情報

このように，対象となることがらについて，一定の概念や意味を持たせたものを情報という。一方，データとは情報を表現，伝達，処理するために形式化されたものと考えることができる。

コンピュータで取り扱う情報には，文字情報，図形情報，画像情報，音情報などがある。コンピュータの内部では，これらはすべて0と1の2つの値だけで表現されている。

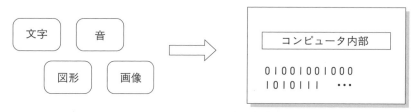

図表1.3　コンピュータの情報表現

自然界にあるほとんどのものは情報が連続的に変化する。このような情報を**アナログ情報**という。一方，情報を0と1のように2値（数値）に置き換えて表現したものを**ディジタル情報**という。コンピュータはディジタル情報を処理する機械であるといえる。

図表1.4　ディジタルとアナログ

ディジタル情報を表現するときの1桁の0や1のことを**ビット**という。これは情報表現の最小単位になる。またビットを8個まとめたものを**バイト**という。バイトは記憶容量などを表す単位として使われる。大きな数値を表すときは補助単位と一緒に使われる。

ビット (bit：binary digit)

バイト (byte)

図表1.5　ビットとバイト

4 コンピュータで使われる単位

1 補助単位

　記憶容量を表すバイトは大きな数値を扱うため，キロ，メガ，ギガ，テラ，ペタなどといった**補助単位**とともに使われる。同様に処理時間の単位である秒（second）は数値が小さくなるため，ミリ，マイクロ，ナノ，ピコなどの補助単位とともに使われる。

補助単位	意　味	使用例
k（キロ）	1,000（10^3）	kB（キロバイト）
M（メガ）	1,000,000（10^6）	MB（メガバイト）
G（ギガ）	1,000,000,000（10^9）	GB（ギガバイト）
T（テラ）	1,000,000,000,000（10^{12}）	TB（テラバイト）
P（ペタ）	1,000,000,000,000,000（10^{15}）	PB（ペタバイト）
m（ミリ）	1/1,000（10^{-3}）	ms（ミリ秒）
μ（マイクロ）	1/1,000,000（10^{-6}）	μs（マイクロ秒）
n（ナノ）	1/1,000,000,000（10^{-9}）	ns（ナノ秒）
p（ピコ）	1/1,000,000,000,000（10^{-12}）	ps（ピコ秒）

図表 1.6　補助単位の種類

コンピュータの世界は 2 進法なので，キロは厳密には 1000 ではなく 1024（$=2^{10}$）になる。したがって，1 kB＝1024 B である。同様に 1 MB＝1024 kB，1 GB＝1024 MB のようになる。

2 いろいろな情報の単位

　パソコンや入出力装置の性能を表す単位には次のようなものがある。

クロック周波数：20 ページ参照

区　分	単　位	意味/用法
処理速度	Hz（ヘルツ）	1 秒間に発生する**クロック周波数**の値を示す。たとえば 3.5 GHz（ギガヘルツ）であればクロック周波数は $3.5×10^9$ 回/秒となる。
	MIPS（ミップス）	MIPS（Million Instructions per Second）は 1 秒間に 100 万回の命令を実行できる処理能力を表す。たとえば 100 MIPS であれば，1 秒間に 100×100 万＝1 億回の命令を実行できる。
	FLOPS（フロップス）	FLOPS（Floating-point Operations per Second）は 1 秒間に浮動小数点演算を何回実行できるかを表す。たとえば 5 GFLOPS（ギガフロップス）であれば，1 秒間に $5×10^9$ 回の浮動小数点演算を実行できる。
伝送速度 通信速度 転送速度	bps（bits per second） B/s（バイト/秒）	bps は 1 秒間に送ることができるビット数を表す。たとえば通信速度が 400 Mbps（メガ bps）であれば，1 秒間に $400×10^6$ ビット＝50 MB/s（メガバイト/秒）のデータを伝送できる。
プリンタの 印刷解像度	dpi（dots per inch）	1 インチの幅の中に印刷できるドット（点）の数を表す。たとえば 9600 dpi のプリンタであれば，1 インチ（25.4 mm）の中に 9600 個の点を印字できる。
プリンタの 印刷速度	PPM（Pages per Minute）	プリンタが 1 分間に印刷できるページ数を表す。
回転数	rpm（revolutions per minute）	CD やハードディスクなどの円盤が 1 分間に回転する速度を表す。
画素数	ピクセル（画素・ドット）	ディスプレイやディジタルカメラの解像度を表す。1 ピクセルが 1 個の点（ドット）を示す。ディスプレイの場合，画面の解像度は横×縦の最大ピクセル数を使って 1024×768 ピクセルのように表す。

図表 1.7　いろいろな情報の単位

2 情報を収集するための検索方法

1 いろいろな情報検索

情報化社会にはたくさんの情報があふれている。自分に必要な情報を適切に探し出せることが，今の時代には求められる。多くの情報の中から必要なものを探し出すことを**情報検索**という。情報検索には次のような種類がある。

情報検索（Information Retrieval：IR）
データベース（data base）

1 データベース検索

データベースに蓄積された情報を検索することをデータベース検索という。ネットワーク経由で行うことが多いため，オンラインデータベース検索ともいう。データベースとは，情報検索をするために大量のデータを整理・蓄積したものである。図書館で所蔵している書籍を検索する**OPAC**などはその代表的な例である。そのほかにも，インターネット上には有料のデータベース検索サービスが多数存在する。これを利用することで，企業情報，人物情報，新聞・ニュース情報，株価情報など，さまざまな情報を検索することができる。

図表 1.8　国立国会図書館蔵書検索

OPAC（Online Public Access Catalog）：蔵書検索

2 電子辞書検索

ディジタル化した辞書をコンピュータで検索できるようにしたシステムを電子辞書という。国語辞典，英和辞典，百科事典などさまざまな種類がある。多くの辞書類を小型メモリに記録した携帯型電子辞書などもある（図表1.9）。

図表 1.9　電子辞書（写真提供：シャープ株式会社）

3 Web 検索

大量に存在するウェブページの中から自分の求めるページを検索することを Web 検索といい，このようなサービスを提供しているシステムを**サーチエンジン**と呼ぶ。検索サイトには，**ディレクトリ型**や**ロボット型**などの種類がある。

サーチエンジン（検索エンジン：search engine）

2 条件の組み合わせ

検索キーワードを使って情報を検索する場合，1 つのキーワードだけでは満足のいく検索結果が得られないことが多い。このような場合，キーワードを 2 つ以上指定することによって，検索の精度を高めることができる。複数個のキーワードを指定する場合は，次のように**論理演算子**を用いて条件を指定する。また，論理演算を図式化してベン図で表したものをあわせて示す。

図表 1.10　検索サイト（Google）

論理演算子　AND（論理積），OR（論理和），NOT（否定）

1 AND 条件

「A」と「B」の２つの条件を両方満たすものを検索したい場合に指定する。キーワードを１つだけ指定した場合に比べて検索条件は厳しくなり，出力件数は減少する。キーワードの数を増やしていくほど結果を絞り込むことができるので，**絞り込み検索**ともいう。

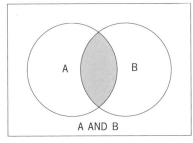
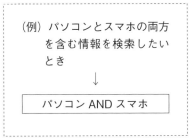

（例）パソコンとスマホの両方を含む情報を検索したいとき
↓
パソコン AND スマホ

図表 1.11　AND 条件

2 OR 条件

「A」と「B」のうち，少なくともどちらか一方の条件を満たすものを検索したい場合に指定する。キーワードの数を増やしていくほど検索条件はゆるくなるので，検索の出力件数を増加させたいときに利用する。同義語が存在するようなキーワードの場合，OR 条件で連結させることで，検索漏れを防ぐことができる。

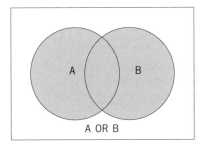
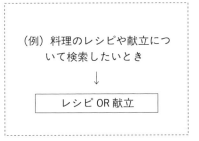

（例）料理のレシピや献立について検索したいとき
↓
レシピ OR 献立

図表 1.12　OR 条件

3 NOT 条件

「A でない」ものを検索するなど，条件を否定する場合に使用する。

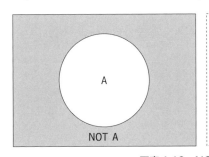

（例）パソコン以外の情報を検索したいとき
↓
NOT パソコン

図表 1.13　NOT 条件（1）

NOT 条件の実用的な使い方としては，AND 条件と組み合わせて，ある検索結果の中から特定の情報だけを取り除きたい，というような検索に利用する。「A」であってかつ「B」でないものを検索するといった使い方ができる。

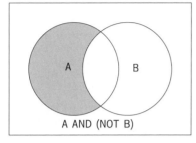

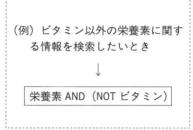

（例）ビタミン以外の栄養素に関する情報を検索したいとき

↓

栄養素 AND （NOT ビタミン）

AND を省略して「栄養素NOT ビタミン」と表記する方法もある。

図表 1.14 NOT 条件（2）

④ 優先順位の変更

論理演算子には優先順位がある。一般に，優先順位の高いほうからNOT，AND，OR の順となる。優先順位を変更する場合は，数学の計算式と同じようにカッコを使う。

（例）

フリーウェアかシェアウェアのタイピングソフトを検索したい場合

（フリーウェア OR シェアウェア）AND タイピングソフト

オレンジとリンゴ以外の果物について検索したいとき

果物 NOT （オレンジ OR リンゴ）

3 問題を解決するためには

1 問題の発見から解決まで

いろいろな問題に対してそれを正しく解決するためには，正確な調査・分析・解決手順が必要になる。

図表 1.15 問題解決の手順

問題を解決するまでの手順は図表 1.15 のようになる。情報を収集，整理する方法には次のようなものがある。

1 面接調査（インタビュー）

　関係者や現場の担当者と直接対話をしながら情報を収集する。個別面接や，グループ面接，電話によるインタビューなどがある。

2 アンケート調査

　質問したい項目が入った調査用紙を配布し，回答者に記入してもらうことで情報を収集する。配布，回収，集計など作業にやや手間がかかるが，定量的な分析を行うことができる。

3 ブレーンストーミング

　グループで自由に意見を出し合いながら，アイデアをまとめる討議方法である。「自由な発想で活発に意見を出す，他人の意見を批判しない，質よりも量を重視する，人の意見に便乗してよい」のルールがある。

4 バズセッション

　バズセッションとは，少人数のグループが同一のテーマで討議を行い，その後，各グループの見解を集めて全体で討議する手法である。

2　問題解決のための表現と手法

　問題点の整理・分析ができたら，次は具体的な解決の手順を決めることになる。情報システムの分野では，目的を達成するための処理手順を**アルゴリズム**という。アルゴリズムは図式化して表現することが可能である。表現方法にはいくつか種類があり，**流れ図（フローチャート）**，**PAD**，**NS チャート**などがある。また現実の世界をモデル化することで，目的のシステムをより明確に表現することができる。モデル化したものを模擬的に試行する作業を**シミュレーション**という。シミュレーションは将来の動向を予測したり，問題解決策を選択するための意思決定に利用される。

アルゴリズム（algorithm）
流れ図：フローチャート
（flow chart）
PAD（Problem Analysis Diagram）
NS チャート（考案者は Nassi と Shneiderman）

図表 1.16　流れ図の例

4 パソコンの構成と仕組み

1　五大装置とその機能

　パソコンは，その外観から大きく**デスクトップ型パソコン**，**ノート型パソコン**，**タブレット型パソコン**に分けることができる。機能，処理速度，記憶容量，拡張性などの違いから多くの種類がある。特徴はデスクトップ型が主に性能重視，タブレット型は携帯性重視，ノート型はその中間といえる。

(写真提供：レノボ・ジャパン株式会社)

(写真提供：富士通クライアントコンピューティング株式会社)

図表 1.17　デスクトップ型，ノート型，タブレット型

　パソコンは図表 1.18 に示すように，**入力装置，出力装置，記憶装置，制御装置，演算装置**から構成されている。これをパソコンの**五大装置**という。記憶装置はパソコン本体内部にある**主記憶装置**（メインメモリ）と**補助記憶装置**に分かれる。また，制御装置と演算装置を合わせて**CPU** という。さらに，入力装置，出力装置，補助記憶装置を合わせて**周辺装置**という。図中の矢印はデータの流れを表している。

CPU（Central Processing Unit）：中央処理装置

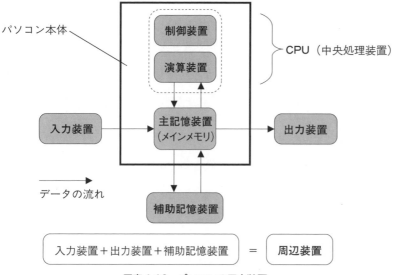

図表 1.18　パソコンの五大装置

① 入力装置

　パソコンにデータを入力したり，人間の意志（指示）をパソコンに伝えるための装置である。キーボード，マウス，イメージスキャナ，タッチパネルなどいろいろな装置がある。

② 出力装置

　パソコンで処理した結果を人間に伝えるための装置である。出力結果を画面に表示するディスプレイ，印刷物として出力するプリンタが代表的である。

③ 記憶装置

入力装置から送られたデータ，実行するプログラム，処理中の結果などを記憶するための装置である。パソコン内部にある主記憶装置はメインメモリと呼ばれる。補助記憶装置は主にデータの保管を目的とした記憶装置であり，ハードディスク，USB メモリ，CD/DVD などがある。

④ 演算装置

プログラムに記述されたコード（命令）を実際に処理する装置であり，四則演算，論理演算，比較演算などを行う。

⑤ 制御装置

プログラムの実行をコントロールする装置である。入力装置，出力装置，記憶装置，演算装置の各装置に指示を出す役割を持っている。

2　パソコンを構成する装置

① パソコン本体

図表 1.20 はデスクトップパソコンの本体図である。

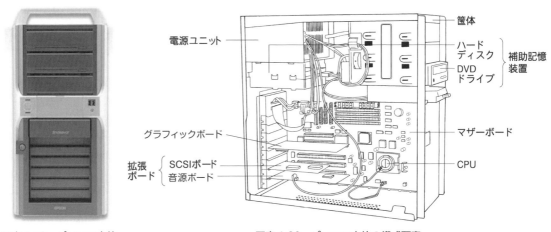

図表 1.19　パソコン本体　　　　　図表 1.20　パソコン本体の構成要素

　筐体（きょうたい）と呼ばれるケースに，いろいろな部品や装置が格納されている。CPU，メモリ，グラフィックボード（グラフィックカードともいう）などの電子部品は，**マザーボード**と呼ばれるプリント基板の上に装着されている。また，ハードディスク，DVD などの補助記憶装置，電源ユニットやインタフェースボードなども筐体内部に格納されている。CPU とメインメモリや入出力機器の間でデータを送るための伝送路を**バス**という。CPU 内部にあるバスを CPU バスといい，入出力機器との接続に使われるバスを外部バスという。また，CPU とメインメモリのデータ転送を高速化するために，**キャッシュメモリ**が使われる。

バス：データ伝送路

キャッシュメモリ：CPU 内部に設置される高速小容量のメモリ

CPU の処理能力を表す指標の 1 つに**クロック周波数**がある。パソコン本体には水晶発振器（時計）が内蔵されており，発振器が振動するタイミングに合わせ CPU が動作を行うようになっている。クロック周波数の単位はヘルツ（Hz）であり，1 Hz は 1 秒間に 1 回の処理を行う性能を表す。たとえばクロック周波数が 1 GHz（ギガヘルツ）の CPU の場合，1 秒間に $10^9＝1,000,000,000$（10 億）回の処理を実行できることになる。一般にクロック周波数が大きい CPU ほど計算能力が高いといえる。

② 入力装置

①キーボード

キーボードはパソコンに文字や数字，記号などを入力するための装置である。現在最も普及しているのは **JIS 配列**のキーボードである。キーの数や配置の違いからいろいろな種類がある。キーには英数字キーや記号キー以外にもいろいろな制御キーがある。Enter キーは改行や文字変換の確定に用いる。Delete キーや BackSpace キーは文字を消去するキーである。Shift キー，Ctrl キー，Alt キーは他のキーと併用するキーで，キーの機能を拡張するときに用いる。そのほかにも数字の連続入力に便利なテンキー，特殊な機能を割り当てたファンクションキーなどがある。

キーボードを見ないでキーを打つことを**タッチタイピング**という。タッチタイピングをするためには，左右の指を**ホームポジション**と呼ばれるキーの上に置くことが基本となる。ホームポジションキーは，左手が Ⓐ Ⓢ Ⓓ Ⓕ，右手が Ⓙ Ⓚ Ⓛ ：になる。

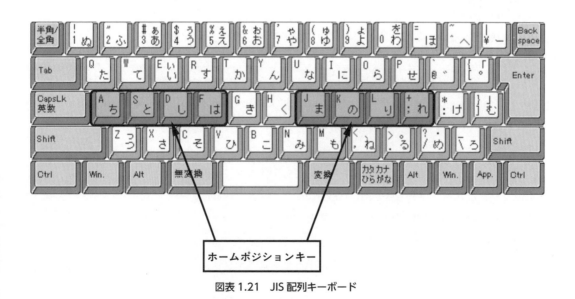

図表 1.21　JIS 配列キーボード

②マウス

　机の上で前後左右に動かすことで，画面上のマウスポインタの位置や方向を指示する装置がマウスである。**LED** を利用した光学式マウス，レーザ光線を利用したレーザマウスなどがある。マウスの操作はボタンを1回押す**クリック**，2回連続して押す**ダブルクリック**，ボタンを押したまま移動させる**ドラッグ&ドロップ**が基本となる。最近はコードレスマウスや垂直スクロール/水平スクロールが可能な多機能マウスも増えている。

図表 1.22　マウス

LED（Light Emitting Diode）：発光ダイオード

③タッチパッド（トラックパッド）

　ノートパソコンでマウスの代わりに使用する入力装置である。平面版の上に指を乗せて動かすと，画面上のマウスポインタが連動して動く。指先で軽くたたくことでクリックやダブルクリックができる。

（写真提供：富士通クライアントコンピューティング株式会社）

図表 1.23　タッチパッド

④トラックボール

　マウスの代わりに使用する入力装置である。指先や手のひらでボールを回転させると，画面のマウスポインタが連動して動く。マウスのように装置そのものを移動させる必要がないので，狭い場所で使うときに便利である。

⑤タッチパネル

　ディスプレイ画面に直接ペンや指を接触させて，位置情報を入力する装置をタッチパネルという。スマートフォンやタブレット端末をはじめ，銀行の ATM，駅の自動券売機，カーナビゲーション，コンビニエンスストアにある情報端末など，非

図表 1.24　トラックボール

（写真提供：EIZO株式会社）

図表 1.25　タッチパネル

常に多くの場面で利用されている。画面に接触したときの圧力や静電気によって，画面上の位置を感知している。

⑥イメージスキャナ

印刷された文字，図形，写真などを画像データとしてパソコンに取り込む装置である。原稿を光学的に走査（スキャン）するので，イメージスキャナという。**CIS** と呼ばれるイメージセンサで画像を読み取っている。

（写真提供：株式会社 PFU）

図表 1.26　イメージスキャナ

CIS (Contact Image Sensor)：密着イメージセンサ

⑦ディジタルカメラ

撮影した画像をディジタルデータとして記録するカメラである。1990 年代から普及が始まり，記録媒体は従来のフィルムからメモリカードへと変化した。スマートフォンやタブレット端末にも内蔵されており，静止画だけでなく動画を記録することもできる。受像センサには **CCD** や **CMOS** などの撮像素子が使われている。画質を示す解像度には 1000 万画素クラスの機種から 4000 万画素以上の高機能機までいろいろなものがある。

（写真提供：キヤノン株式会社）

図表 1.27　ディジタルカメラ

CCD (Charge Coupled Device)：電荷結合素子
CMOS (Complementary Metal Oxide Semiconductor)：イメージセンサ

⑧ Web カメラ

撮影した画像や動画をインターネット上に送信することができるカメラである。テレビ会議やビデオ通話に利用することができる。そのほか，自宅に設置して外出先から家の様子を確認したり，防犯に役立てるような使い方も可能である。現在ほとんどのノートパソコンには，Web カメラが内蔵されている。

（写真提供：株式会社バッファロー）

図表 1.28　Web カメラ

POS (Point of Sales)：販売時点商品管理システム
JAN (Japan Article Number)

⑨バーコードリーダ/QR コード

商品などに付けられたバーコードを読み取る装置をバーコードリーダという。形状の違いから，ペン型，ハンディ型，据え置き型がある。スーパーマーケットなどのレジスターでは，バーコードを利用した商品管理システム（**POS** システム）がよく利用される。バーコードの種類はいろいろあるが，日本では JIS 規格である **JAN** コードが広く利用されている。JAN コードは 13 桁で構成され，国コード（2 桁），メーカーコード（5 桁），商品コード（5 桁），**チェックディジットコード**（1 桁）からなる。チェックディジットとは，コードの入力ミスを検出するため検査数字のことである。

また，最近ではバーコードと並んで **QR コード**がよく利用されている。

QR コード (Quick Response code)

T4902580220570

図表 1.29　バーコードとバーコードリーダ

バーコードの情報が1次元の横方向のみ（数字20桁程度の情報量）であるのに対し，QRコードはデータを2次元で表現するため，より多くの情報を記録でき，英数字，記号，漢字を含め，およそ数千字ほどの情報を記録できる。カメラ付き携帯電話がQRコードに対応したことで普及が広まった。WebサイトのアドレスをQRコード化しておくことで，携帯電話やスマートフォンから簡単にアクセスできるようになる。また，個人データを記録したQRコードを名刺に印刷しておくような利用方法もある。

図表 1.30　QR コード

⑩ OCR

　手書き文字や印刷された文字に光を当て，その反射光を利用して文字の形状を認識する装置を **OCR** という。最近は，イメージスキャナとOCRソフトが一体となった製品もよく見られる。

OCR：光学式文字読み取り装置（Optical Character Reader）

⑪ OMR

　鉛筆やペンで記入したマークを光学的に読み取る装置を **OMR** という。マークシートに光を当て，その反射光によってマークの有無を検出する仕組みになっている。

OMR：光学式マーク読み取り装置（Optical Mark Reader）

③ 出力装置

①ディスプレイ

　パソコンの表示装置として，現在最も普及しているのは薄型平面パネルの液晶ディスプレイである。設置場所をとらず消費電力が少ないという特徴を持つ。1990年代まではブラウン管を利用した **CRT** が主流であったが，現在はほとんど使われていない。ディスプレイの発色は，光の3原色である **RGB** を組み合わせることによって表現されている。3色すべてを重ね合わせると白になり，このような色表現を **加法混色方式** という。ディスプレイのドット（ピクセル）の細かさを示す指標を **解像度** という。解像度は画面の横×縦のドット数で表す。以前は比率が4：3となる解像度がよく使われていたが，その後画面のワイド化が進み，16：9の比率が多く利用されるようになった。解像度の種類には，**VGA**，**SVGA**，**XGA**，**WXGA**，**UXGA** などがある。近年はさらに高解像度化が進み，16：9の比率を持つフルハイビジョン（**Full HD**），4K，8K などが登場している。解像度を高くすると，同じ表示面積であっても画面を広く使えるようになる。

（写真提供：株式会社アイ・オー・データ機器）

図表 1.31　液晶ディスプレイ

CRT（Cathode Ray Tube）
RGB（赤 Red，緑 Green，青 Blue）
VGA（Video Graphics Array）640×480 ドット
SVGA（Super VGA）800×600 ドット
XGA（eXtended Graphics Array）1024×768 ドット
WXGA（Wide XGA）1280×768 ドット
UXGA（Ultra XGA）1600×1200 ドット
Full HD（High Definition）1920×1080 ドット
4K　3840×2160 ドット
8K　7680×4320 ドット

②プリンタ

　パソコンの処理結果を，用紙に印刷する装置がプリンタである。ディスプレイと並ぶ代表的な出力装置である。プリンタの種類は形状，大きさ，印字方式の違いによって多くの種類がある。印字方式としてはレーザ光線を利用してトナーを用紙に焼き付ける **レーザプリンタ**，微量のイ

ンクをノズルから噴射させる**インクジェットプリンタ**が代表的である。

(写真提供：キヤノン株式会社)

図表 1.32　レーザプリンタ（左）とインクジェットプリンタ（右）

　また，最近はオールインワンプリンタと呼ばれる**多機能プリンタ（複合機）**も普及している。1台で印刷，コピー，スキャナ，FAX，写真プリントなどが可能になっている。プリンタのカラー印刷は，色の3原色である**CMY**のインクを組み合わせることで色を表現している。理論上CMYの3色すべてを混合すると黒色になり，このような色表現を**減法混色方式**という。多くのプリンタはCMYの3色に黒インク(blacK)を加えた CMYK の4色が基本となっている。

CMY（シアン Cyan，マゼンタ Magenta，イエロー Yellow）

(写真提供：キヤノン株式会社)　　　　　　　　　　　　　　　　(著者撮影)

図表 1.33　多機能プリンタ（左）と CMYK インクカートリッジ（右）

③ 3D プリンタ

　3次元の設計データをもとに立体造形物を生成するプリンタである。通常のプリンタが2次元の用紙に印刷するのに対し，3次元の造形物を生成することから 3D プリンタと呼ばれる。比較的安価な個人向け 3D プリンタでは，樹脂を積み重ねることによって立体造形を実現している。そのほかにも，樹脂を熱で溶解するタイプや，粉末状の材料にレーザ光線を照射するタイプなど複数の方式がある。

図表 1.34　3D プリンタ

④ 補助記憶装置

① ハードディスク（HD，HDD）

ハードディスクは OS，アプリケーションソフト，利用者のデータなどを記憶するための装置で，補助記憶装置の代表的なものである。**プラッタ**と呼ばれる磁性体を塗布した金属性の円盤が回転し，ディスク表面に記録された情報を磁気ヘッドで読み書きする仕組みになっている。プラッタは非常に高速（1 分間に数千回転）で回転している。ディスク上のデータは円

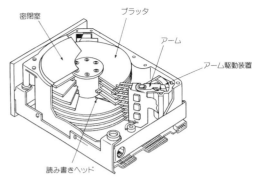

図表 1.35　ハードディスクの構造

周に沿って記録される。1 周分のデータ領域を**トラック**といい，1 トラックは**セクタ**と呼ばれるさらに細かい単位に分割される。データの読み書きはセクタ単位に行われる。複数のトラックをまとめた領域を**ゾーン**といい，外周に近いゾーンのセクタ数を増やすことで記録効率を高めている。このような方式を**ゾーン記録方式**という。また，データが存在するトラックを探すことを**シーク**といい，磁気ヘッドが目的のトラックに到達するまでの時間をシーク時間という。

HD，HDD (Hard Disk, Hard Disk Drive)

ハードディスクはパソコンへの接続形態の違いから，本体内蔵タイプ，外付けタイプ，ポータブルタイプがある。内蔵タイプのハードディスクの接続規格には複数の種類あるが，現在，主流になっているのは **SATA** と呼ばれるインタフェースである。外付けタイプやポータブルタイプはケーブルによる接続となる。ハードディスクの記憶容量は数百 GB〜数 TB くらいまでいろいろある。

SATA (Serial Advanced Technology Attachment)：シリアル ATA
TB（テラバイト）1 TB＝1000 GB

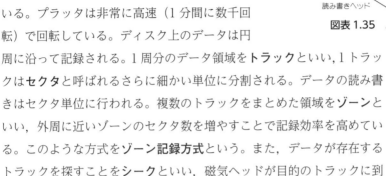

（写真提供：株式会社バッファロー）

図表 1.36　ハードディスクドライブ　内蔵タイプ（左），外付けタイプ（中），ポータブルタイプ（右）

② CD/DVD/BD

直径 12 cm の円盤にディジタル情報を記録するメディアである。レーザ光線を当ててディスク表面の情報を読み書きするので，光ディスクとも呼ばれる。CD，DVD，BD は，外見はほぼ同じであるが，記憶容量

CD (Compact Disc)
DVD (Digital Versatile Disc)
BD (Blu-ray Disc)

が異なる。CD は約 700 MB，DVD はディスクの構造によって 4.7 GB，8.5 GB，9.4 GB，17 GB などの種類がある。また BD も種類によって 25 GB，50 GB，100 GB など複数のタイプがある。いずれのディスクにも再生専用タイプ（CD-ROM，DVD-ROM，BD-ROM），追記型タイプ（CD-R，DVD-R，BD-R），書き換え可能型タイプ（CD-RW，DVD-RW，BD-RE）などさまざまな規格がある。

装置はドライブという。

（写真提供：マクセル株式会社）

図表 1.37　CD/DVD/BD

③フロッピーディスク

フロッピーディスクは磁性体を塗布したプラスチック性の薄いディスクで，約 1.4 MB の記憶容量がある。手軽で安価なため 1990 年代によく利用されていたが，他の記録メディアの普及とともに利用頻度が減少し，現在は生産が終了している。

④ MO ディスク

フロッピーディスクと同様，1990 年代に普及した記録メディアである。レーザ光と磁気を利用したことから光磁気ディスクとも呼ばれた。記憶容量は 230 MB～2.3 GB であり，当時としては大容量であった。しかし他の記録メディアの普及に伴い，現在ほとんど利用されていない。

⑤メモリカード/SSD

フラッシュメモリを利用した小型の記録媒体である。フラッシュメモリとは半導体メモリの一種で，電源を切っても中身が消えず，高速アクセスが可能になっている。スマートフォンやディジタルカメラの記録媒体として多く利用されている。フラッシュメモリに USB コネクタを装着した **USB メモリ**は，そのままパソコンに差し込んで読み書きができる。また最近のパソコンには，補助記憶装置としてハードディスクの代わりにフラッシュメモリを用いる製品も登場している。これらは **HDD** に対して，**SSD** と呼ばれている。フラッシュメモリには寿命（書き込み可能回数やデータ保持期間）があるので，取り扱いには注意する必要がある。

図表 1.38　フロッピーディスク

MO（Magnet Optical）

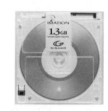

図表 1.39　MO ディスク

USB（Universal Serial Bus）

HDD（Hard Disk Drive）
SSD（Solid State Drive）

SD カード　　マイクロ SD カード　　コンパクトフラッシュ

USB メモリ　　　　　　SSD

(写真提供：株式会社バッファロー)

図表 1.40　フラッシュメモリを利用したいろいろな記憶媒体

Type-A

Type-B

Type-C

(写真提供：サンワサプライ
株式会社)

図表 1.41　USB の形状

3　インタフェース

　コンピュータ本体と周辺装置を接続するための規格をインタフェースという。インタフェースを通して装置間のデータ転送が行われる。転送の際，データを 1 ビットずつ送る方式を**シリアル転送方式**，複数ビットをまとめて送る方式を**パラレル転送方式**という。最近の主流は高速のシリアル転送方式である。

1　USB

　パソコンと周辺装置を接続するインタフェースとして，現在最も普及している。キーボード，マウス，プリンタ，ハードディスク，光ディスクドライブなど，多くの装置に対応している。初期の規格は USB1.1 で転送速度も 12 Mbps と低速であったが，その後 USB2.0（480 Mbps），USB3.0（5 Gbps），USB3.1（10 Gbps），USB3.2（20 Gbps）のように新しい規格が次々と登場した。また，コネクタの形状も USB Type-A，Type-B，Type-C など，複数の種類がある。プラグアンドプレイ，ホットプラグに対応している。

2　IEEE1394

　ディジタルカメラやビデオカメラなどの映像機器を，パソコンに接続するときに使われるインタフェースである。プラグアンドプレイ，ホットプラグに対応している。ピンの個数により，形状に違いがある。また，メーカーによって DV 端子，iLINK 端子，FireWire など複数の呼び名がある。転送速度は 100 ～ 800 Mbps と比較的高速であるが，USB インタフェースの普及に伴い利用頻度は減少している。

プラグアンドプレイ：接続してすぐに使えるようになることである。

ホットプラグ：パソコンの電源が入っていても，接続取り外しができることである。

IEEE（Institute of Electrical and Electronics Engineers）

図表 1.42　IEEE1394

③ PS/2

キーボードやマウスを接続するための規格である。最近は USB インタフェースによる接続が主流になっているため，PS/2 ポートを持たないパソコンも増えている。

図表 1.43　PS/2

④ Bluetooth

電波を利用した無線通信規格である。通信可能距離は通常 10 m 程度であり，途中に障害物があっても通信が可能である。キーボードやマウスをワイヤレス環境で使うときに利用される。また，スマートフォンとカーオーディオの接続や，家庭用ゲーム機のコントローラなどにも利用される。

⑤ IrDA

赤外線を利用してワイヤレス通信を行うための規格であり，通信可能距離は 1 m 程度である。通信速度は規格によって異なるが，高速のもので 16 Mbps の通信が可能である。ノートパソコンや携帯機器でデータ転送を行うときなどに利用される。

IrDA（Infrared Data Association）

LAN（Local Area Network）

図表 1.44　LAN コネクタ

⑥ PC カード（PC カードスロット）

旧型のノートパソコンに装備されているインタフェースである。日本電子工業振興協会（JEIDA）とアメリカ PCMCIA が策定した規格である。PC カードは厚さの違いにより Type Ⅰ，Type Ⅱ，Type Ⅲの 3 種類がある。

⑦ LAN コネクタ

パソコンをネットワークに有線接続するためのコネクタである。LAN ケーブルをコネクタに差し込んで利用する。ケーブルはツイストペアケーブルでカテゴリーと呼ばれる規格があり，カテゴリー 5 は 100 Mbps，カテゴリー 6 は 1000 Mbps（1 Gbps），カテゴリー 7 は 10 Gbps の通信速度に対応している。

VGA（Video Graphics Array）

DVI（Digital Visual Interface）

⑧ VGA コネクタ

パソコンとディスプレイを接続するコネクタである。旧型のパソコンに装備されており，RGB アナログ映像を出力するコネクタである。「VGA 端子」，「ミニ D-Sub 15 ピン」といった呼び方をする場合もある。

（写真提供：EIZO 株式会社）

図表 1.45　VGA コネクタ

⑨ DVI コネクタ

パソコンとディスプレイを接続するコネクタである。名前のとおりディジタル映像を出力するためのインタフェースである。

⑩ DisplayPort コネクタ

パソコンとディスプレイを接続するコネクタである。DVI コネクタと同様，ディジタル映像を出力することができる。DVI の後継として登場したものである。

（写真提供：EIZO 株式会社）

図表 1.46　DVI コネクタ

11 HDMI コネクタ

パソコンとディスプレイを接続するコネクタである。一本のケーブルで映像信号と音声信号を出力することができる。パソコンだけでなく，テレビ・ビデオなどの AV 機器にもよく利用されている。形状の種類には標準サイズのほかに，より小型なミニ HDMI 端子，マイクロ HDMI 端子などもある。

12 GP-IB

GP-IB はコンピュータと周辺機器を接続するための規格であり，IEEE488 規格として標準化されている。主に計測機器を接続するためのインタフェースとして利用される。

13 NFC

NFC は近距離無線通信の規格である。NFC に対応しているスマートフォンや IC カードを機器に近づけることでデータ通信が可能となる。スマートフォンで決済可能な「おサイフケータイ」も，NFC の非接触 IC カード機能を利用している。

(写真提供：KDDI「TIME & SPACE」)

図表 1.49　NFC

14 IDE, ATA, ATAPI, SATA

IDE は，パソコンの内蔵用ハードディスクを接続するためのパラレルインタフェースとして普及した。1994 年に ATA として標準化され，その後ハードディスク以外も接続できるように拡張仕様の ATAPI となった。パラレル転送方式の転送速度は最大 133 MB/s であった。これをシリアル転送方式にしたのが SATA であり，第 3 世代の SATA Ⅲ では転送速度が 6 Gbps（実効速度 600 MB/s）となっている。

15 SCSI

ハードディスクや光ディスクドライブなどをパソコンに接続するためのインタフェースである。1990 年代によく利用されていたインタフェースで，複数の装置を数珠つなぎに接続するデイジーチェーンが特徴であった。

(写真提供：EIZO 株式会社)

図表 1.47　DisplayPort コネクタ

HDMI（High-Definition Multimedia Interface）

(写真提供：EIZO 株式会社)

図表 1.48　HDMI コネクタ

GB-IB（General Purpose Interface Bus）

NFC（Near Field Communication）

IDE（Integrated Drive Electronics）
ATA（Advanced Technology Attachment）
ATAPI（ATA Packet Interface）
SATA（Serial ATA）：シリアル ATA

SCSI（Small Computer System Interface）：スカジー

5 オペレーティングシステムとは

1 オペレーティングシステム（OS）の役割

　パソコンはハードウェアとソフトウェアで構成されている。ハードウェアは装置そのもののことである。ソフトウェアはプログラムとも呼ばれ，大きく**基本ソフトウェア**と**アプリケーションソフトウェア**（応用ソフトウェア，アプリケーションソフト，あるいは単にアプリと呼ぶこともある）に分けられる。

　基本ソフトウェアのことを**オペレーティングシステム（OS）**という。OS はハードウェアとアプリケーションソフトを仲介し，パソコンを効率よく動作できるよう管理する働きを持っている。たとえば，パソコンに新しい装置が追加されると，それを OS が認識して機器を使用できる状態にする。また，ソフトウェアの組込みやプログラムの実行を管理するのも OS の役割である。パソコンにソフトウェアを組み込んで使える状態にすることを**インストール**という。

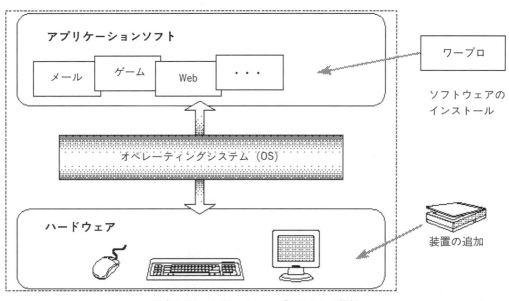

図表 1.50　オペレーティングシステムの役割

2 OS の種類

① Windows

　米マイクロソフト社が開発した OS で，パソコンの OS として最も普及している。同時に複数のウィンドウを開きながら処理を実行できる**マルチタスク機能**をそなえている。1995 年に登場した Windows95 によって利用が広がり，その後数多くのバージョンが発表された。

マルチタスク（multitasking）：同時に複数の作業や処理を並列して実行すること

2 macOS/iOS

米 Apple 社が開発した OS である。macOS は同社のパソコンである Macintosh 上で動作する。また，iOS は同社のスマートフォンやタブレット PC に組み込まれている OS である。

3 Android

米 Google 社が開発した OS であり，現在多くのスマートフォンやタブレット PC で利用されている。初版は 2008 年にリリースされている。

4 UNIX/Linux

UNIX は米 AT&T 社で開発されたマルチタスク OS である。ネットワーク機能やセキュリティ面で優れていることから，インターネットのサーバ用 OS として広く利用されている。また，UNIX と同等の動作をする OS（UNIX 互換 OS）として Linux がある。Linux は自由に再配布が可能なフリー OS となっている。

UNIX：「ユニックス」と読む
Linux：「リナックス」と読む

5 MS-DOS

米マイクロソフト社が開発した Windows の一世代前の OS である。同時には 1 つのプログラムしか実行できない**シングルタスク** OS であり，キーボードからコマンドを入力して操作を行う。このような環境を **CUI** と呼ぶ。現在，MS-DOS を単独で利用することはほとんどないが，旧環境との互換性から Windows の中に MS-DOS の実行環境が残されている。

MS-DOS (Microsoft Disk OS)：「エムエスドス」と読む
シングルタスク (single-tasking)：一度に 1 つの作業や処理のみが実行可能である
CUI (Character User Interface)

3　ウィンドウの操作とユーザインタフェース

パソコンの OS の多くは，キーボードやマウスを使って画面を操作する。アイコンをクリックしてウィンドウを開いたり，メニューにマウスポインタを合わせて処理を選択するといった操作は，以前のコマンド

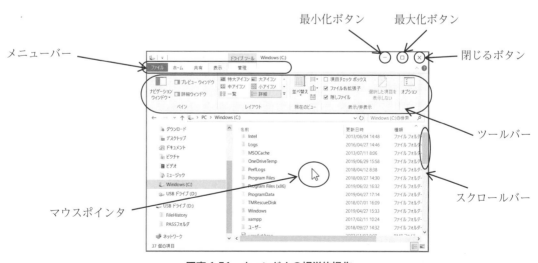

図表 1.51　ウィンドウの視覚的操作

ベースの方法（CUI）に比べ，初心者にもわかりやすい方法といえる。画面上のボタンやアイコンを視覚的に利用する操作環境を **GUI** という。

GUI (Graphical User Interface)

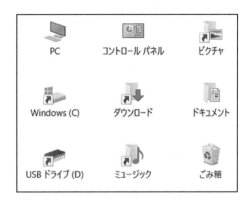

図表 1.52　いろいろなアイコン

ウィンドウを構成している要素には，次のようなものがある。

1 アイコン

ウィンドウの中には，いろいろな種類のアイコンがある。たとえば，アプリケーションソフトを起動するためのアイコン，ファイルやフォルダのアイコン，OS の機能の一部をアイコン化したものなどである。いずれも機能が視覚的に表現されている。

2 マウスポインタ

画面上のマウス位置を示すものが，マウスポインタである。マウスポインタは，ウィンドウ上の位置や状態に応じていろいろな形に変化する。

↖	通常の選択状態	⌛	実行待ちの状態
I	テキストの入力と選択	⊘	利用不可の状態
↔ ↘	枠サイズの変更	↖?	ヘルプの選択

図表 1.53　マウスポインタの形

3 メニューバー

ウィンドウの上部には操作メニューがあり，マウスをクリックするとプルダウンメニューが開く。「ファイル」「編集」「表示」などは多くのソフトに共通するメニューとなっている。

ファイル(F)　編集(E)　表示(V)　お気に入り(A)　ツール(T)　ヘルプ(H)

図表 1.54　メニューバー

4 ツールバー

メニューバーと並んでウィンドウの上部に表示されるのが，ツールバーである。いろいろな機能がアイコン化されて並んでいる。アイコンの横にある▼マークをクリックすると，詳細メニューが表示されるものもある。

🔙 戻る ▾　➡　⊠　🔁　🏠　🔍検索　☆お気に入り　❷

図表 1.55　ツールバー

5 スクロールボタン/スクロールバー

ウィンドウのサイズが小さく，内容が隠れてしまう場合に表示される。

画面をスクロールさせたいときに使用する。

6 ユーザインタフェース

人が機械や道具を使うときには，操作するための仕組み
や仕掛けが必要である。パソコンであれば，キーボード，
マウス，ディスプレイ，タッチパネルなどの利用が必須と
なる。操作をするときに人間と機械をつなぐ部分を**ユーザ
インタフェース**という。CUI はキーボードによる文字入
力を中心としたユーザインタフェースであり，GUI はマ
ウスやアイコンなどを用いた視覚的操作中心のユーザイン
タフェースである。

図表 1.56 スクロールボタン/スクロールバー

人は皆それぞれ個性を持っている。コンピュータに限らず，機械や道
具を使う際には，誰もが同じように扱える設計になっていることが望ま
しい。年齢，性別，能力，習熟度，身体的特徴などの違いを越え，多く
の人の利便性を考慮した設計を**ユニバーサルデザイン**という。また，使
いやすさ・操作性を表す指標のことを**ユーザビリティ**という。

Web ページの利用のしやすさ，わかりやすさを表す言葉に**アクセシ
ビリティ**がある。Web ページはさまざまな人が利用するものである。
高齢者や障害のある人に対しても，使いやすいものでなければならない。
たとえば視覚障害のある人であれば，そのページが音声読み上げソフト
に対応していなければ情報を得ることができない。また，マウス操作が
苦手な人にとっては，キーボードだけで情報にアクセスできる必要があ
る。このようにさまざまな条件下であっても，必要とする情報にアクセ
スできる設計が求められる。

Web ページに必要なアクセシビリティの指針が **JIS 規格**に定められ
ている。この指針は，主に高齢者および障害のある人を対象としたもの
である。しかし，ここには一般の利用者に対しても有用な内容が多く含
まれている。一例を挙げると，「現在位置に関する達成基準」というの
がある。これは利用者に「現在閲覧しているページの位置を適切に示す
こと」を意味する。大きなサイトや階層の深いページでは，現在の位置
がわからないと混乱してしまうからである。よく見られる対策の一つに，
図のような**パンくずリス
ト**を使った位置情報の提
供がある。

日本規格協会 JIS X 8341-3
「高齢者・障害者等配慮設計
指針－情報通信における機器，
ソフトウェア及びサービス－
第3部：ウェブコンテンツ」

図表 1.57 パンくずリストの例

6 ファイルの管理

1 フォルダとファイル

1 記憶装置とドライブ

　パソコンで扱うデータやプログラムは，すべて**ファイル**という単位で管理されている。ファイルは記憶装置上に格納されており，各装置を**ドライブ**という。ドライブにはドライブ名が付けられる。Windows ではドライブ名を英字1文字で表す。たとえば図表1.58 の場合，DVD-RW ドライブが「D：」，USB ドライブが「G：」，ハードディスクドライブが「C：」と「F：」となる。ハードディスクは，記録領域を論理的に分割することで，複数ドライブを設定することができる。

　ディスクを初めて使うときには，ドライブごとに**フォーマット**という作業が必要になる。この作業によってディスクにデータを書き込むことが可能になる。ただしディスク上の内容はすべて消去されるので，ハードディスクなどを再フォーマットするときは十分な注意が必要である。

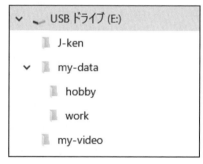

図表 1.58　各装置とドライブ

2 フォルダとディレクトリ

　記憶装置上のファイルは，**フォルダ**と呼ばれる入れ物に格納されて管理される。フォルダは階層的な構造を持つことができる。たとえば図表1.59 は，USB ドライブの中に，「J-ken」「my-data」「my-video」の3つのフォルダがあり，「my-data」の中に「hobby」と「work」の2つのフォルダがあるという関係を表している。OS によっては，フォルダのことを**ディレクトリ**と呼ぶこともある。利用者が現在，操作対象にしているディレクトリのことを**カレントディレクトリ**という。また，ドライブ全体を意味する最上位のディレクトリを**ルートディレクトリ**という。階層ディレクトリは親子関係のような構造となっている。

> ✓　USB ドライブ (E:)
> 　　📁 J-ken
> ✓　📁 my-data
> 　　　📁 hobby
> 　　　📁 work
> 　　📁 my-video

図表 1.59　フォルダの階層図

2　ファイルの形式と拡張子

　ファイルを識別するための名前をファイル名という。ファイル名は,利用者が任意に付ける名前と**拡張子**から構成される。ファイル名の長さや文字種は,OSによって決められている。ファイル名と拡張子の間には,半角のピリオドが入る。

（ファイル名）　　　　（ピリオド）（拡張子）

図表 1.60　ファイル名と拡張子

　拡張子はファイルの種別を表すための文字列で,半角3～4文字で表すことが多い。拡張子はファイルの保存形式としてソフトウェアメーカが固有に決めることがあるため,非常に多くの種類がある。代表的な拡張子には,次のようなものがある。

ファイルの種類	拡張子	意味・内容
ドキュメントファイル	txt	テキストファイル
	docx	ワープロの文書ファイル（マイクロソフト社）
	pdf	PDFファイル
	htm/html	Webファイル（HTMLテキスト）
画像・動画ファイル	jpg	圧縮画像ファイル（jpeg形式）
	png	圧縮画像ファイル（png形式）
	gif	圧縮画像ファイル（gif形式）
	bmp	画像ファイル（ビットマップ形式）
	avi	圧縮動画ファイル（avi形式）
	mov	圧縮動画ファイル（mov形式）
	mpg	圧縮動画ファイル（mpeg形式）
音声ファイル	mp3	圧縮音声ファイル（mp3形式）
システムファイル	sys, dll	OS管理ファイル
プログラムファイル	com, exe	プログラム実行用のファイル
圧縮ファイル	zip, lzh	圧縮ファイル, アーカイブファイル

図表 1.61　ファイルの形式と拡張子

7 プログラム言語

1 プログラム言語の分類

1 低水準言語と高水準言語

　コンピュータが実行するプログラムは，0と1で記述された**機械語**である。しかし機械語のままでは人間が判読できないため，0と1の命令を人間が読める形に置き換えた言語があり，これを**アセンブラ言語**という。機械語やアセンブラ言語のことを**低水準言語**という。低水準言語は実行速度は速いが，ハードウェアへの依存性が高く，プログラムの開発効率が悪い。そこでこれらの欠点を補うために，人間が理解しやすい表現方法で記述でき，ハードウェアに依存しないプログラム言語が多く開発された。これらを**高水準言語**という。高水準言語で書かれたプログラムは機能の追加・修正が容易なため，ソフトウェアの生産性が高くなる。

2 コンパイラ言語とインタプリタ言語

　人間が記述したプログラム（ソースプログラム/ソースコードともいう）を，一括して機械語に翻訳（コンパイル）してから実行するタイプの言語を**コンパイラ言語**という。翻訳作業のために一段階手続きが必要になるが，実行速度は速いという特徴がある。これに対し，ソースプログラムを1行ずつ解釈しながら実行していくタイプの言語を**インタプリタ言語**という。ソースプログラムを記述した時点ですぐに実行できるため，プログラム全体が完成していなくても手軽に実行できるという利点がある。インタプリタ言語の多くは，**スクリプト言語**と呼ばれることがある。

3 マークアップ言語

　文書の論理的な構造や意味を記述する言語を**マークアップ言語**という。インターネット上に置かれたハイパーテキスト（Webページ）を記述する**HTML**が代表的である。HTMLのほかにも，より汎用的な表現が可能な**SGML**やHTMLの機能を拡張した**XML**などがある。いずれも，文書の構造を表現するタグを組み合わせて記述する。

HTML（HyperText Markup Language）
SGML（Standard Generalized Markup Language）
XML（eXtensible Markup Language）

　プログラム言語には非常に多くの種類がある。主な高水準言語には次のものがある。

C	1970 年代にアメリカのベル研究所で開発された。汎用性が高く，オペレーティングシステムやアプリケーションソフトの開発用に用いられている。仕様が古いため，近年は利用が減少している。
BASIC	パソコンが普及し始めた 1980 年代によく利用されていた，初心者向けのプログラム言語である。コマンドベースで動作するインタプリタ型の言語である。
COBOL	事務処理向け言語として，1950 年代に登場した言語である。歴史が非常に古く，メインフレームの時代の代表的な言語といえる。
PL/I	科学技術計算と事務処理の両面に適用できる言語として，1960 年代に開発された。COBOL と同様，メインフレーム時代の言語である。
C++	C 言語の後発言語として，1980 年代に開発された。C 言語にオブジェクト指向の機能が付加されている。
C#	米マイクロソフト社が開発したオブジェクト指向言語である。構文は C++ や Java に近い書き方になっている。
Java	インターネットの普及が始まった 1995 年に開発された。適用分野が広く，実行環境（OS）に依存しないという特徴を持つ。ネットワークとの親和性が高い。
Smalltalk	1970 年代に開発された言語である。歴史は古いが，オブジェクト指向の概念を取り入れた点が特徴である。
JavaScript	Web ブラウザ上で動作する，スクリプト言語である。HTML と連携して動作し，動的な Web サイトを構築することができる。名称は似ているが，Java とはまったく別の言語である。
Python	1990 年代に登場した言語である。ソースコードが簡潔に表現でき，ライブラリが充実している。近年では人工知能分野に適した言語として，注目されている。
Visual BASIC	米マイクロソフト社が開発した言語で，Windows との親和性が高いという特徴を持つ。GUI 環境で動作するプログラムである。

図表 1.62　プログラム言語の種類

章末問題

→ **問題1** 次の問題解決に関する記述で，正しいものには「ア」，誤っているものには「イ」を
答えよ。 [平成 26 年後期　問題 1　情報の収集と問題解決の手法]

（1） アンケート調査の質問は，回答率を上げるために，選択式などで回答しやすくした。

（2） インタビューの対象者には，事前に質問内容を知らせておく。

（3） ブレーンストーミングでは，テーマからはずれたり目的と違ったりした意見は無視する。

（4） ブレーンストーミングでは，他人と自分のアイディアを結合させて，自分の意見として
発言してもよい。

（5） ブレーンストーミングで，自分と対立する意見を言われたので，批判した。

（6） 50 名の参加者によるバズセッションで，グループ分けはせずに参加者全員で 1 つのテー
マについて討議した。

（7） バズセッションで，6 人ずつの小グループ分け，グループごとに異なるテーマを討議さ
せ，最後に各グループのリーダに発表させた。

→ **問題2** 次の情報表現に関する各設問に答えよ。

[平成 27 年前期　問題 1　情報の補助単位と記憶容量]

＜設問1＞ 次の情報の補助単位に関する記述中の [　　　] に入れるべき適切な字句を解答
群から選べ。

コンピュータでは，記憶容量の大容量化や，処理速度の高速化が進んでいる。

記憶容量では表 1 のような大きい数値を補助する単位が，処理速度では表 2 のような小さ
い数値を補助する単位が利用される。

表 1 記憶容量の補助単位

補助単位	大きさ
（1）	10^3
M(メガ)	10^6
G(ギガ)	10^9
（2）	10^{12}

表 2 処理速度の補助単位

補助単位	大きさ
（3）	10^{-3}
（4）	10^{-6}
（5）	10^{-9}
p(ピコ)	10^{-12}

(解答群) ....

（1），（2）の解答群

　ア．h （ヘクト）　　　　イ．k （キロ）
　ウ．T （テラ）　　　　　エ．p （ペタ）

（3）～（5）の解答群

　ア．c （センチ）　　イ．m （ミリ）　　ウ．n （ナノ）　　エ．μ （マイクロ）

＜設問2＞ 次の記録媒体に関する記述中の [　　　] に入れるべき適切な字句を解答群から
選べ。

表 3 のような記憶容量を持つ記憶媒体がある。次のデータをそれぞれ 1 枚の媒体に記録す

ることにした。ただし，すべてのデータを記録できる媒体のうち，<u>最も小さな記録容量をもつ</u>ものを選択すること。なお，記録後は書換えや追加を行わないものとする。

表3　記録媒体と記録容量

記録媒体	1枚の記録容量
CD-R	650MB（メガバイト）
DVD-R（片面1層）	4.7GB（ギガバイト）
DVD-R DL（片面2層）	8.5GB（ギガバイト）
Blu-ray	25GB（ギガバイト）

① 1ページ4000バイトで500ページの文書を記録するには，　（6）　を利用する。

② 1枚4MBの写真を1500枚記録するには，　（7）　を利用する。

解答群 ···

（6），（7）の解答群

ア．Blu-ray　　　　　　　　　　　イ．CD-R

ウ．DVD-R（片面1層）　　　　　エ．DVD-R DL（片面2層）

→ **問題3**　次のコンピュータの五大装置に関する図および記述中の　　　　に入れるべき適切な字句を解答群から選べ。　[平成30年後期　問題2　コンピュータの五大装置と周辺装置]

　ハードウェアは，パソコンの基本機能に対応する装置をもち，それらは五大装置と呼ばれる。

　（1）　装置は，命令語を解読して，効率よくプログラムを実行するために，各装置間のデータの流れを制御する。

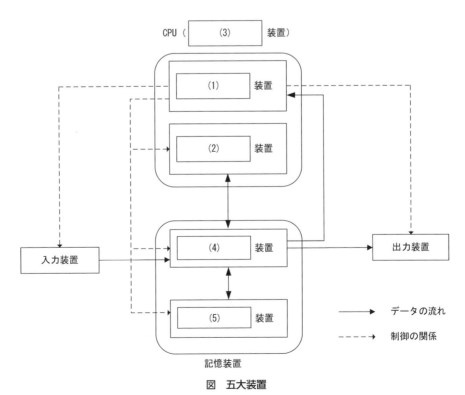

図　五大装置

（2）装置は，プログラムに基づき，四則演算，論理演算，比較演算などの各種の演算を行う装置である。

  （1）装置と　（2）装置を合わせて CPU（　（3）装置）と呼ぶ。

　入力装置は，データやプログラムを電気信号に変換して　（4）装置に転送する装置であり，　（6）などがある。

  （4）装置は，CPU と直接データのやりとりができ，プログラムやデータを格納するが，一般に電源供給が途切れると内容が消えてしまう。これに対して　（5）装置は，電源供給が途切れても内容を保持することができる。

　出力装置には，処理した結果を文字，音声，画像など人間が理解できる情報に変換する装置であり，　（7）などがある。

（解答群）…………………………………………………………………………………………

（1）～（5）の解答群

　　ア．演算　　　　　　　　イ．キャッシュメモリ
　　ウ．主記憶　　　　　　　エ．制御
　　オ．中央処理　　　　　　カ．ディスクキャッシュ
　　キ．バス　　　　　　　　ク．補助記憶

（6），（7）の解答群

　　ア．イメージスキャナ，キーボード，マウス
　　イ．イメージスキャナ，プリンタ，マウス
　　ウ．キーボード，ジョイスティック，プリンタ
　　エ．プリンタ，ディスプレイ

問題4　次のファイル管理に関する記述を読み，各設問に答えよ。

[平成 26 年前期　問題 2　ファイル管理とファイル形式]

　コンピュータ内部では，あらゆるソフトウェア資源はファイル単位で記録され管理されている。記憶装置上の数多くのファイルやフォルダをどのように記憶・管理するかを指定する方式をファイルシステムという。

　ファイルシステムは，ファイルとフォルダから構成され，図のような階層的な構造で管理する。

　階層のうち最上位にある　/　をルートフォルダ，フォルダの下のフォルダをサブフォルダという。現在作業を行っているフォルダはカレントフォルダという。

　目的のファイルを検索するための経路をパスといい，ルートフォルダからの経路を絶対パス，カレントフォルダからの経路を相対パスという。フォルダやファイルの区切りは「/」で表し，親（一つ上位の）フォルダは「..」で表す。

　例えば，カレントフォルダが "F1" のとき，①のファイルは

絶対パス	/F1/F3/kimatsu01.txt
相対パス	F3/kimatsu01.txt

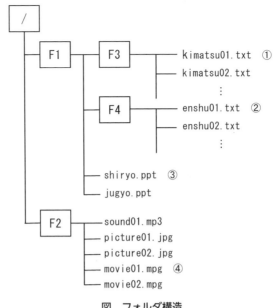

図　フォルダ構造

となる。

<設問1>　次のパスの指定に関する記述中の　　　　　に入れるべき適切な字句を解答群から選べ。

　カレントフォルダが"F4"のとき相対パスで，②のファイルは　(1)　，③のファイルは　(2)　，④のファイルは　(3)　と指定できる。また，④のファイルは絶対パスで　(4)　と指定できる。

　　解答群 ···

　　（1）の解答群

　　　ア．/enshu01.txt　　　　イ．F1/F4/enshu01.txt
　　　ウ．enshu01.txt

　　（2）の解答群

　　　ア．../shiryo.ppt　　　　イ．/F1/shiryo.ppt
　　　ウ．shiryo.ppt

　　（3），（4）の解答群

　　　ア．../../F2/movie01.mpg　　　　イ．/F2/movie01.mpg
　　　ウ．/F4/F1/F2/movie01.mpg　　　　エ．movie01.mpg

<設問2>　次の拡張子に関する記述中の　　　　　に入れるべき適切な字句を解答群から選べ。

　ファイル名は，ファイルの内容が理解しやすいように名を付けることで，ファイルの管理がしやすくなる。Windowsでは，ファイル名の最後に出現する"."（ピリオド）の後にはファイルの種類を表すために拡張子が付けられる。拡張子は，そのファイルがどのアプリケーションソフトで開くことができるかを表しており，ダブルクリックすることで対応するアプリケーションソフトを自動起動できる。

例えば，文字だけで作成したファイルは　(5)　，写真などの静止画像を圧縮して格納した画像ファイルは　(6)　，録音した音声を圧縮して格納した音声ファイルは　(7)　が拡張子となる。

（解答群）……………………………………………………………………………………………

（5）～（7）の解答群

　　ア．exe 　　　　　イ．jpg 　　　　　ウ．mp3

　　エ．mpg 　　　　　オ．txt 　　　　　カ．zip

第2章
ネットワーク

1 インターネットとは

　インターネットは，1960年代に米国国防省が中心となって，政府機関と軍事機関のコンピュータをネットワークで接続した**ARPANET**が基盤となっている。このあとに大学や研究機関などにも開放され，世界的な規模に発展した。ネットワークどうしを接続していることより，ネットワークのネットワークともいわれている。インターネットが広まった理由の1つとして，**WWW**（ワールドワイドウェブ）の果たした役割は大きいといわれている。1993年に**Mosaic**が登場し，ハイパーテキストの機能を非常に使いやすい形で提供した。

ARPANET（Advanced Research Projects Agency NETwork）：米国国防省高等研究局によって，米国各地の研究機関を結んだネットワーク
WWW（World Wide Web）
Mosic：イリノイ大学のNCSAが開発したWebブラウザ

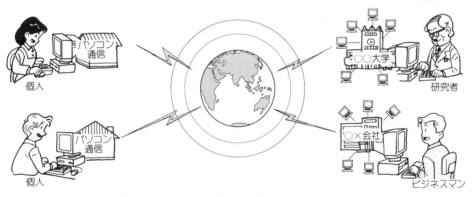

図表2.1　インターネットはネットワークのネットワーク

　インターネットで使われているコンピュータは，**UNIX**を基本OSとして発展してきた。UNIXに使われていた通信プロトコルが**TCP/IP**であったため，インターネットでの標準通信プロトコルはTCP/IPとなっている。
　インターネットを利用するには，**インターネットサービスプロバイダ**（**ISP**）と契約をして，接続するのが一般的である。ISPは，インターネットへの接続だけを提供する事業者と，通信回線も含めて提供する事業者がある。

UNIX：1969年に米AT&Tベル研究所が開発したマルチタスクOS
TCP/IP（Transmission Control Protocol/Internet Protocol）：インターネット標準のプロトコル群
ISP（Internet Services Provider）：インターネットへの接続を提供する事業者

2 インターネットへの接続

1 FTTH

FTTH は，光ファイバを用いた通信回線を利用した高速デジタル通信網である。通信速度は 10 Mbps ～ 1000 Mbps と高速である。コンピュータとの接続にはメディアコンバータが必要であり，このメディアコンバータにより，光ファイバに流れる信号を LAN ボードに接続できる形式に変換する。

FTTH （Fiber To The Home）

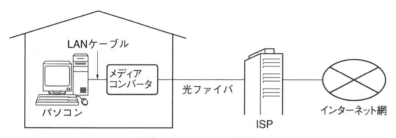
図表 2.2　FTTH での接続

2 CATV

ケーブルテレビ（CATV）の専用ケーブルにインターネットのデータ信号を流す方式である。そのためケーブルテレビの事業者と契約する必要がある。コンピュータの接続には，スプリッタとケーブルモデムが必要である。CATV 回線からスプリッタでテレビ用とケーブルモデムへ振り分け，ケーブルモデムとコンピュータを接続する。ケーブルモデムとコンピュータの接続には LAN ケーブルを使用する。

CATV （CAble TeleVision）

スプリッタ （Splitter）：信号を分離・合流する装置

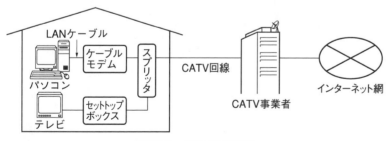
図表 2.3　CATV での接続

3 テザリング

テザリング

スマートフォンのインターネットに接続できる機能を利用し，インターネットに接続ができない機器をインターネットへ接続する仕組みである。パソコンなどを無線 LAN や USB，Bluetooth でスマートフォンに接続し，スマートフォンがルータの役割をしてインターネットへの接続を可能にする。

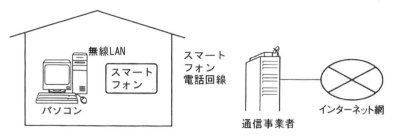

図表 2.4　テザリングでの接続

4　FWA

　無線を利用し，通信事業者の基地局と利用者のホームルータをつなぎインターネットに接続する。**WLL** とも呼ばれていた。配線の工事を行う必要なしに，インターネットの利用環境を手に入れることができる。

FWA（Fixed Wireless Access）

WLL（Wirelss Local Loop）

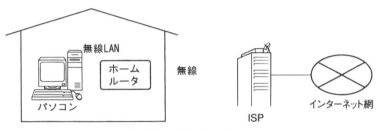

図表 2.5　FWA での接続

5　ADSL

　ADSL は，アナログの電話回線を利用してデータ通信を行う。データ信号は音声信号よりも高い周波数帯を利用しているため，インターネットに接続中でも電話を利用することができる。この 2 つの信号を，スプリッタと呼ばれる機器で分離をする。ADSL の A は Asymmetric の略で非対称を示しており，利用者から収容局（電話局）の上りと，収容局から利用者への下りの通信速度が異なることを示している。上りの通信速度は 288 kbps〜1.5 Mbps，下りの通信速度は 1.5 Mbps〜50 Mbps 程度となっている。高い周波数帯を利用しているため，ノイズに弱く収容局からの距離が遠くなるほど通信速度は低下する。

ADSL（Asymmetric Digital Subscriber Line）

図表 2.6　ADSL での接続

ADSL モデムとコンピュータの接続は，ブリッジタイプの ADSL モデムの場合には **LAN** ケーブルを使用する。

6　その他の接続

1　アナログ回線でのダイヤルアップ接続

アナログ信号を伝送する電話回線を利用し，**モデム**を利用して ISP が用意している**アクセスポイント**に電話をかけてインターネットに接続する。初期のインターネットへ接続方法であり，通信速度は 56 kbps であった。

2　ISDN 回線

ISDN 回線はデジタル回線で，ADSL が普及する前には主流となっていた。ISDN 回線の場合には，**ターミナルアダプタ（TA）**と**デジタルサービスユニット（DSU）**が必要となる。通信速度は 64 kbps が基本となるが，これを 2 つ組み合わせて使用することもできた。ISDN 回線は提供終了が予定されている。

7　契約方式について

インターネットの利用の契約には，**ベストエフォート方式とギャランティ方式**がある。ベストエフォート方式では通信速度は保障されず，回線を使う人が多い混雑時や収容局からの距離の影響などで通信速度が遅くなる場合がある。ギャランティ方式の場合には通信速度は保障される。

モデム（MODEM：Modulator/DEModulator）
アクセスポイント（Access point）：ISP が用意した通信回線上の接続点のこと。無線 LAN の中継機もアクセスポイントと呼ばれる

TA（Terminal Adapter）
DSU（Digital Service Unit）

ベストエフォート方式
ギャランティ方式

3 ┊ ローカルエリアネットワーク

1　LAN

ビルや学校といった敷地内などの限られた範囲内だけで利用されるネットワークを **LAN**，本社と支社などの遠隔地を結んで利用されるネットワークを **WAN** という。WAN の構築には従来専用線を利用することが多かったが，現在ではインターネットの中に仮想的にプライベートネットワークを構築する **IP-VPN** が多くなっている。

LAN（Local Area Network）：限られた範囲内でのネットワーク
WAN（Wide Area Network）
IP-VPN（Internet Protocol Virtual Private Network）

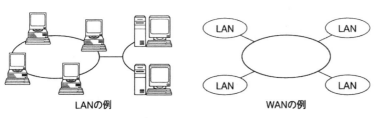

LANの例　　　　　WANの例

図表 2.7　LAN と WAN

2　LAN の特徴と目的

　LAN を利用すると，ファイルサーバ内にデータを保存しておくことにより情報の共有が可能になる，また複数のコンピュータで1台のプリンタを利用するなど，コンピュータ資源の共有が可能になる。このように LAN の最大の目的は共有である。

　一方，LAN を通してのマルウェアの侵入やコンピュータの**クラッキング**など，セキュリティの問題が多く発生するようになっている。また，コンピュータの接続台数やネットワーク用の装置などの保守作業（メンテナンス）が複雑になったりするため，装置や情報の管理などが要求される。

クラッキング（cracking）：コンピュータに押し入り，不正な操作などを行うこと

3　サーバ用 OS

　サーバ用 OS には，ネットワークに接続するコンピュータや利用者の管理，障害が起きたときに被害を軽減するための **RAID** 機能や**バックアップ**機能，ファイルやプリンタなどの共有機能を持ったものが多い。

RAID（Redundant Arrays of Inexpensive Disks）：ハードディスク等を複数台まとめて一台の装置として管理する技術。RAID0～RAID6まである
バックアップ（backup）：故障などに備えて用意している写しや代替え品
ユーザ ID
パスワード

4　ネットワークへの利用

　LAN や WAN などのネットワークの正規の利用者には，**ユーザ ID** が付与される。ユーザは，各自の**パスワード**を設定し，ユーザ ID とパスワードを入力することでネットワークに接続することができ，ファイルの利用や共有機器の利用が可能となる。

　管理者は，利用するユーザの利用権限を設定し，ファイルの利用や共有機器の利用の制限をすることができる。利用者が多い場合には，利用者のグループを作成し，グループごとに制限をすることもできる。

5　LAN の形態

① クライアントサーバ型

　ネットワークにおいて，サービスを提供する側のコンピュータを**サーバ**，サービスを利用する側のコンピュータを**クライアント**という。クライアントサーバ型は，サービスを提供する側と利用する側のコンピュータを明確に分けた方式である。

サーバ（server）
クライアント（client）

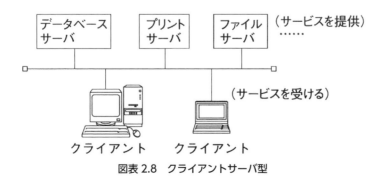

図表 2.8　クライアントサーバ型

② ピアツーピア型 (peer to peer, P2P)

サーバとクライアントという関係を持たない，互いに同等の立場になっているネットワークを示す。この場合，各コンピュータがサーバにもクライアントにもなる。

4 LAN の構成要素

1 NIC (Network Interface Card)

LAN にコンピュータをケーブルで接続するときに，接続を可能にする部品である。現在のもののほとんどは，ツイストペアケーブルを接続するための RJ45 が備わっている。LAN ボード，LAN カード，LAN アダプタなどと呼ぶ場合もある。

NIC

2 HUB (ハブ)

複数台のコンピュータを接続するための集線装置であり，リピータ HUB やスイッチング HUB がある。ケーブルを差し込むための口（ジャック）をポートと呼ぶ。HUB どうしを接続して，ネットワークに接続できるコンピュータを増やすことができ，この接続をカスケード接続という。

HUB

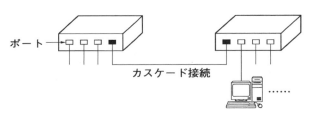

図表 2.9 カスケード接続

3 ケーブル

① ツイストペアケーブル

2 本の線がよってあり（ツイスト），それが 4 組入っているケーブルである。先端には，RJ45 の端子が付いており，端子とケーブルの位置関係により，クロスケーブルとストレートケーブルがある。クロスケーブルは，コンピュータとコンピュータを直接接続する場合や，HUB と HUB を接続するカスケード接続の場合に用いられる。コンピュータと HUB など異なる機器との接続には，一般的にストレートケーブルが用いられる。

ツイストペアケーブル

電気特性の品質により，**カテゴリ**（CAT）分けされている。品質により，通信できる速度への対応が決まり，品質が高いケーブルほど高速通信に対応している。

カテゴリ

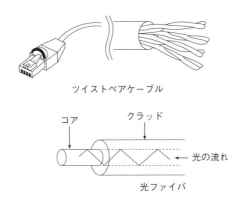

ツイストペアケーブル

コア クラッド

光の流れ

光ファイバ

図表 2.10 ケーブルの種類

② 光ファイバケーブル

光が通るコアを石英で被い，外側の皮膜で保護する形となっている。電気信号ではなく，光の点滅に変換されて信号がコア内部を通り伝達される。高速，大容量であり，電磁気などのノイズの影響も受けない。ケーブルの設置・接続には，特殊な技術が必要である。

4 ルータ

LAN どうしをつなぐ機器の１つであるが，TCP/IP のネットワークでは，IP アドレスをもとに転送先を決める。ブロードバンド回線のインターネットの接続に使用する場合には，ブロードバンドルータを利用する。インターネットでは**グローバル IP アドレス**が利用され，LAN では**プライベート IP アドレス**が利用されている。そのため，IP アドレスの変換が行われ，１対１の変換を **NAT**，１対多の変換を **NAPT** という。Linux に搭載された NAPT の機能の名称を IP マスカレードという。

光ファイバケーブル

IP アドレス：コンピュータや通信機器に割り当てられた識別番号

グローバル IP アドレス（グローバルアドレス）：インターネット上で利用されている IP アドレス

プライベート IP アドレス（プライベートアドレス，ローカルアドレス）：LAN など内部で運用されている IP アドレス

NAT（Network Address Translation）：インターネット上のアドレスであるグローバル IP アドレスと LAN 上のアドレスであるローカル IP アドレスの相互変換を行う

NAPT（Network Address Port Translation）

IP マスカレード

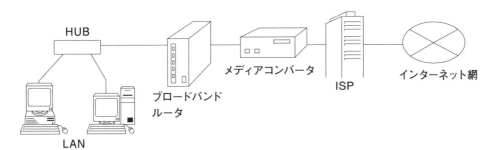

HUB

ブロードバンド
ルータ

メディアコンバータ

ISP

インターネット網

LAN

図表 2.11 インターネットへの接続例

5 無線 LAN

電波や赤外線等を利用した LAN のことであり，ケーブルを利用しないため，ケーブルを設置するための空間を考慮せずに LAN を構築することができる。一般的に無線 LAN という場合には，電波を利用した LAN のことを示す場合が多い。1997 年に IEEE（米国電気電子技術者

協会）802 委員会で標準化された。2.4 GHz の周波数帯を利用し，当初は最大通信速度は 2 Mbps であった。その後，2.4 GHz 帯を利用した IEEE802.11b（最大通信速度 11 Mbps），5 GHz 帯を利用した IEEE802.11a（最大通信速度 54 Mbps），2.4 GHz 帯を利用した IEEE802.11g（最大通信速度 54 Mbps）などが出ている。

無線 LAN の最大の問題点はセキュリティとなるため，セキュリティを強化した IEEE802.11i やより高速な規格として IEEE802.11n などもある。無線 LAN 製品には Wi-Fi CERTIFIED のロゴが付いているものが多くあるが，これは Wi-Fi アライアンスが異なるメーカ間の相互接続を保障しているものである。

1 SSID（ESSID）

無線 LAN で通信相手を識別するためのものである。グループ名のようなもので，同じ SSID を親機であるアクセスポイントと子機となる利用者側のコンピュータに設定することにより，通信できるようになる。アクセスポイントがこの SSID を公開している場合には，子機側は使用する SSID を選択する。不正アクセスされないように SSID を非公開にするステルス機能のあるものもあり，非公開の場合には SSID を直接手で入力する。

2 WEP，WPA

無線 LAN では，電波の傍受の対策が必要である。WEP は無線 LAN で通信データを暗号化する機能の 1 つで，共通鍵暗号方式が利用されており，アクセスポイントと子機側に同じ鍵（WEP キー）を設定する必要がある。暗号化に使う鍵の長さは，64 ビット，128 ビットなどがある。

WPA は，WEP の脆弱性を改善した暗号方式の規格である。ユーザ認証機能や暗号化のときに使う鍵を定期的に自動更新する機能などが追加されている。

3 MAC アドレスを用いたフィルタリング

無線 LAN で使用する機器にも，有線の LAN の機器と同じように MAC アドレスが割り当てられている。MAC アドレスは一意の番号であるため，同じ番号は存在しない。アクセスポイントに接続できる機器の MAC アドレスを登録しておくことにより，アクセスポイントが利用できる機器を限定することができ，不正利用対策になる。

Wi-Fi：現在，無線 LAN で Wi-Fi の認定を受けていないものはほとんどないため，Wi-Fi と無線 LAN は同じものとして扱われている。しかし，Wi-Fi と表示されていても，無線 LAN の規格のため数種類あることに注意が必要である

SSID（Service Set Identifier），ESSID（Extended Service Set Identifier）

WEP（Wired Equivalent Privacy）
WPA（Wi-Fi Protected Access）

5 プロトコル

プロトコルとは，通信を行う上での「約束ごと」であり，通信規約ともいう。インターネットでは標準通信プロトコルとして TCP/IP が使われており，LAN においても TCP/IP が主流となっている。

TCP/IP は，IP を用いて構築したネットワーク上で TCP や UDP を使って，コンピュータどうしが通信する環境またはプロトコル群の総称である。

① **IP** パケットの伝送を行いつつ，ネットワークに参加している機器の IP アドレスの割り当てや，相互に接続された複数のネットワーク内での通信経路の選定をするための方法を定義している。

② **TCP** アプリケーション層に対して，信頼性のあるサービスを提供する。端末間での通信の確立の確認や，パケットの再送信機能がある。

③ **POP** 電子メールの受信時に使われる。現在は Version3 の POP3 が使われている。

④ **IMAP** 電子メールの受信時に使われる。メールはサーバで管理される。

⑤ **SMTP** 電子メールの送信時に使われる。ユーザからサーバや，サーバからサーバへの送信時に使用される。

⑥ **FTP** ファイル転送を行うときに使われる。ファイルのアップロードやダウンロードのときに使用される。

⑦ **MIME** 画像や音声，動画などさまざまなデータを転送するときに使われる。

⑧ **HTTP** HTML などのコンテンツを転送する。Web サーバから Web ブラウザにコンテンツを転送するときに使われる。

⑨ **HTTPS** HTTP に暗号化の機能を付加したものである。

⑩ **TLS（SSL）** Web ブラウザと Web サーバ間でデータを暗号化して通信を行う。SSL3.0 の次のバージョンが TLS1.0 となっている。

⑪ **DHCP** コンピュータ起動時に IP アドレスを割り当て，終了時に回収する。

⑫ **DNS** ドメイン名と IP アドレスを相互変換する。

⑬ **NTP** TCP/IP ネットワークで，時刻を取得する。

IP（Internet Protocol）

TCP（Transmission Control Protocol）

POP（Post Office Protocol）

IMAP（Internet Message Access Protocol）

SMTP（Simple Mail Transfer Protocol）

FTP（File Transfer Protocol）

MIME（Multipurpose Internet Mail Extensions）

HTTP（HyperText Transfer Protocol）

HTTPS（HyperText Transfer Protocol Secure）

TLS（Transport Layer Security）SSLの次世代であるが，SSL という名称が浸透しているので，SSL/TLS と併記されることが多い

SSL（Secure Sockets Layer）

DHCP（Dynamic Host Configuration Protocol）

DNS（Domain Name System）

NTP（Network Time Protocol）

6 IPアドレス

1　IPアドレス

　IPアドレスとは，TCP/IPを利用したネットワークにおいて，各ネットワーク機器に割り当てられる数字列であり，重複してはいけない番号である。現在では**IPv4**が使われており，32ビットが割り当てられる。32ビットの場合，組合せとして約43億通りあるが，不足してきているため128ビットの**IPv6**になりつつある。IPv4におけるIPアドレスは，一般的には10進数で表記されていることが多く，172.16.5.104というように0〜255の数値を4つ組み合わせて表示されている。

　インターネット上で利用されるIPアドレスは一意でなければならないため，**NIC**（Network Infomation Center）が世界中のIPアドレスを管理している。日本では，**JPNIC**が国内のIPアドレスの割り当てと，ドメイン名の管理などを行っている。

IPv4

IPv6

NIC（Network Infomation Center）
JPNIC（JaPan Network Information Center）

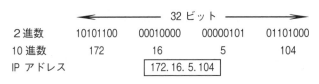

図表 2.12　IPアドレスの表現

2　IPアドレスとドメイン名

　IPv4の32ビットのIPアドレスは，数字列であるためコンピュータは管理しやすいが，人間にとってはとても扱いにくいものになってしまう。そこで，ドメイン名として一定の規則に従った文字の集まりで表現されるようになった。インターネット上ではドメイン名は，IPアドレスと1対1で対応しており，ドメイン名を指定すると，DNSサーバによりIPアドレスに自動的に変換される。ドメイン名は任意名＋組織・属性＋国名などで構成されている。

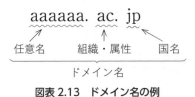

図表 2.13　ドメイン名の例

ドメイン	国名
us	アメリカ
jp	日本
uk	イギリス
ru	ロシア
fr	フランス
es	スペイン
au	オーストラリア

図表 2.14 代表的な国のドメインの例

ドメイン	組織の分類
ac.jp	大学関係組織
ad.jp	ネットワーク管理組織
co.jp	企業・営利団体
ed.jp	大学以外の教育関係組織
go.jp	政府関係組織
ne.jp	ネットワークサービス
or.jp	そのほかの組織
pref.〈道府県名〉.jp	道府県およびその下部組織
metro.〈市区町村名〉.jp	東京都およびその下部組織
city.〈市区町村名〉.jp	政令指定都市およびその下部組織

図表 2.15 日本における基本的なドメイン名の定義

7 | サーバの種類

ネットワークに接続されているコンピュータで，他のコンピュータの
処理要求を受け，それを処理するコンピュータをサーバと呼ぶ。インター
ネットなどで利用されているサーバには次のようなものがある。

① WWW サーバ（Web サーバ）　　　　　　　　　　　　　　WWW サーバ

　Web ブラウザからの要求を受け付け，コンテンツを送信する。

② SMTP サーバ　　　　　　　　　　　　　　　　　　　　SMTP サーバ

　電子メールの送信を行う。

③ POP サーバ　　　　　　　　　　　　　　　　　　　　　POP サーバ

　電子メールの保管，利用者にダウンロードさせる。

④ メールサーバ　　　　　　　　　　　　　　　　　　　　メールサーバ

　電子メールに利用されるサーバで SMTP サーバや POP サーバを示す。

⑤ FTP サーバ　　　　　　　　　　　　　　　　　　　　　FTP サーバ

　ファイルの送受信を行う。

⑥ DNS サーバ　　　　　　　　　　　　　　　　　　　　　DNS サーバ

　IP アドレスとドメイン名を相互変換を行う。

⑦ DHCP サーバ

IP アドレスの割り当て，回収を行う。

⑧ proxy サーバ

LAN のクライアントのように直接外部の WWW サーバにアクセスできないコンピュータに代わり，インターネットに接続を行う代理サーバである。

⑨ ファイアウォール

防火壁の意味で，ネットワークの間に配置し，通信制御・監視を行う。

⑩ ゲートウェイ

プロトコルの異なるネットワークを通信するために，プロトコル変換などを行う。

⑪ ストリーミングサーバ

音楽や動画のファイルすべてをダウンロードしなくても，一部を取り込んだ状態で再生を始めることをストリーミングという。ストリーミングに対応したデータを配信するサーバをストリーミングサーバという。

DHCP サーバ

proxy サーバ

ファイアウォール (firewall)

ゲートウェイ (gateway)

ストリーミングサーバ
(streaming server)

8 WWW の仕組みと利用

1　WWW の仕組み

Web ページは非常に多くの WWW サーバに登録されており，クライアントの要求を常時受け付けて，要求に従って **HTML** ファイルなどのデータを **HTTP** プロトコルに従って送信を行う。送信されたデータは，クライアントが使っている Web ブラウザによって，ビジュアルに表示される。1 ページ分のファイルを Web ページ，同じドメイン内にひとまとまりに公開されている Web ページ群を Web サイトと呼ぶ。以前は Web ページのことをホームページと呼んでいたが，ホームページとはそのサイトの最初の入口のページの意味もあるため，Web ページと呼ぶようになってきている。WWW サーバを Web サーバとも呼ぶ。

HTML (HyperText Mark-up Language)

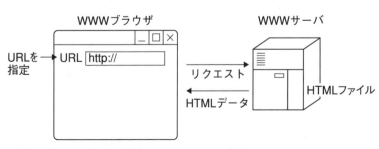

図表 2.16　WWW の仕組み

2　Webブラウザ

　Webブラウザ（ブラウザ）は，Webページを閲覧するときに必要なソフトウェアである。Webブラウザの種類やバージョンによって，HTMLで使用できる命令などが異なっているため，表示できるサイトが限られてしまう場合がある。

3　HTML

　HTMLとは，Webページを作成するためのマークアップ言語の1つである。タグ（<>）と内容を組み合わせることにより，ビジュアルに表現することができる。**W3C**が使用の協議決定を行っている。

W3C（World Wide Web Consortium）

図表2.17　HTMLの例

　Webページにも障害者への配慮が必要である。平成16年に「高齢者・障害者等配慮設計指針－情報通信における機器，ソフトウェアおよびサービス－」**JIS X8341**がJIS規格として制定され，第3部にウェブコンテンツがある。これは，高齢者や音声読み上げWebブラウザを用いている視覚障害者や，色の区別がつきにくい色覚異常などにも配慮したものである。

JIS X8341

4　文字化け

　インターネット上では，いろいろな文字コードが利用されている。この文字コードがWebブラウザの設定と一致していないと，図のように文字が記号の羅列のように表示されてしまう。これを「文字化け」という。適切な文字コードを利用すれば，正常に表示することができる。また，自動的に文字コードを認識する機能もある。

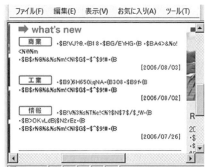

図表2.18　文字化けの例

5　URL

　WebブラウザでWebページを閲覧するときには，アドレスの欄にIPアドレスかURLを指定する。URLは，プロトコル名＋**ホスト名**＋ドメイン名＋ディレクトリ名＋ファイル名の組み合わせで構成されている。ディレクトリ名＋ファイル名はパス名とも呼び，サーバによっては大文字と小文字を区別しているので，注意が必要である。日本では日

URL（Uniform Resource Locator）

ホスト名：実際にIPアドレスが割り振られているコンピュータ名のこと

本語で指定できるドメイン名を使っている場合もある。

「ホスト名＋ドメイン名」を
ホスト名と呼ぶ場合もある。

http://www.aaaaaa.ac.jp / public _ html / index.html

プロトコル名　ホスト名　ドメイン名　　ディレクトリ名　　ファイル名

図表 2.19　URL の構造

6　ブックマーク（お気に入り）

一度閲覧し，再度閲覧する可能性のある Web ページの URL を，ショートカットとして登録しておき，次回からリストの中から選択することで，その Web ページを閲覧することが可能となる。

ブックマーク（bookmark）

7　検索サイト

検索サイトとは，検索などができるサービスを提供している Web サイトのことである。情報をキーワードなどを使って検索できる**検索エンジン**（サーチエンジン）を備えている。検索の仕組みにはディレクトリ型とロボット型がある。

検索エンジン（search engine）：サーチエンジン

・ディレクトリ型

ディレクトリ型の検索サイトは，インターネット上で公開されている Web ページに関する情報を人手で収集して，内容ごとに分類して，検索サイト内に登録しておく。

・ロボット型

ロボット型の検索サイトは，Web ページの情報をロボットという専用のプログラムを利用して，自動的に情報を収集して，その情報を登録していくのものである。自動的に登録するため膨大なデータを取り扱っており，細かいキーワードを使って検索することも可能である。

1 キーワード検索

検索サイトにおいて，インターネットを 1 つのデータベースとして考えたときに，キーワードなどから Web ページを探すことをキーワード検索という。複数のキーワードを用いて検索する場合，両方満たしている場合には AND 検索，どちらかを満たしている場合には OR 検索などを用いて，目的のサイトを検索する。

2 カテゴリー検索

検索サイトなどにおいて，カテゴリーごとに分類されているもの利用し，目的の Web ページを探す方法をカテゴリー検索という。

8　プラグイン

プラグインとは，アプリケーションソフトウェアに最初から搭載されていない機能を，後から追加して使えるようにするソフトウェアのことである。コンテンツを Web ブラウザ中で表示できるように，機能を追加するプログラムを示す場合が多い。

プラグイン（plug-in）

9　CGI

　CGIとは，ユーザの Web ブラウザの要求によって，WWW サーバが別のプログラムを呼び出して，そのプログラムとやり取りを行う仕組みのことである。このとき，WWW サーバに呼び出されて動くプログラムのことを CGI プログラムと呼ぶ。その処理結果は，HTML 形式でユーザの Web ブラウザに返される。

CGI（Common Gateway Interface）

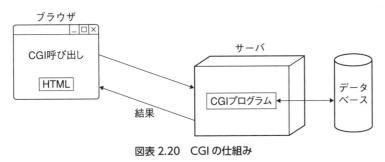

図表 2.20　CGI の仕組み

10　JavaScript

　JavaScript は，米ネットスケープ・コミュニケーションズが開発したインターネット用のスクリプト言語である。HTML ファイルに直接プログラムを記述して，Web ブラウザ上で実行する。Web ブラウザの種類を読み取り，表示する Web ページを変えたり，アンケートに入力された内容に誤りがないかをチェックしたりすることができる。

JavaScript

11　Cookie

　Cookie（クッキー）とは，Web ページを閲覧した際に，Web ブラウザが動作しているパソコンに保存されるデータのことである。Cookie には，ユーザに関する情報や最後にサイトを見た日時，パスワードなどが記憶できる。有効期限が設定されており，有効期限が切れたものは自動的に削除される。2 回目以降のアクセスの際には，Web サーバ側に Cookie を送信することによりサイトへの利用認証などが省略できるなどの利点はあるが，ユーザの見えないところで動作するため，注意が必要である。Cookie の内容は CGI や JavaScript から参照することができる。

Cookie

12　ファイルの転送

　Web サイトを利用し，Web サーバなどからデータをユーザのコンピュータに持ってくる操作を**ダウンロード**という。また，ユーザが作成した Web ページのデータである HTML ファイルなどを Web サーバに登録するために，ユーザのコンピュータから Web サーバなどに送る操作を**アップロード**という。ファイルを転送するため使用するプロトコルは，一般的には **FTP** を利用する。また，ダウンロードする場合に HTTP を利用する場合もある。

ダウンロード（download）

アップロード（upload）

13　ブログ

簡易な Web ページのことで，weblog の略称である。HTML 言語
を意識することなく，ISP などが用意しているテンプレートを利用して，
Web ブラウザで入力やデザインをしていくことにより作成できるので，
HTML 言語などの専門知識がなくても簡単に作成することができる。
簡単に作成できるので，日記などに利用されることが多くなっている。

ブログの機能の1つで，ブログ内でリンクを張った相手に対して，
リンクを張ったことなどを通知する仕組みを**トラックバック**という。

ブログ

トラックバック (trackback)

14　チャット

インターネット上で，リアルタイムにメッセージや会話をすることで
ある。キーボードから打ち込んだ文字が相手のディスプレイに表示され
る。

チャット (chat)

15　SNS

SNS はコミュニケーションを目的とし，社会的なネットワークの構
築を支援するサービスである。写真などを公開できる機能などがあるが，
個人情報の漏洩につながる可能性があるため注意する必要がある。

SNS (Social Networking Service)

9 電子メール（E メール）の仕組みと利用

1　電子メールの仕組み

電子メールは，送信時には SMTP，受信時には POP や IMAP とい
うプロトコルによって送受信が行われる。ユーザによって送信された
メールは，まず自分の SMTP サーバへ送られる。そこから宛先のドメ
イン名を基に相手のメールサーバに SMTP を使用して送られる。送ら
れたメールは相手のメールサーバにアカウントを基に振り分けられ保管
される。送られてきたメールは相手が POP や IMAP を利用し，自分の
メールサーバにアクセスして受信する。POP では，サーバ上のメール
すべてを一度に受信してしまうが，IMAP ではメールはサーバが管理す
る。

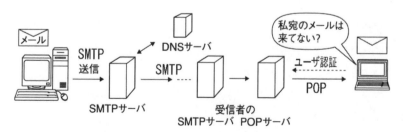

図表 2.21　電子メールの送受信の仕組みの例

電子メールで使用されるメールアドレスは「アカウント@ドメイン名」で構成されている。

jken@aaa.ac.jp
アカウント　ドメイン名

図表 2.22　メールアドレス

2　電子メールソフト

電子メールの送受信に使用するソフトウェアをメールソフト(**メーラ**)という。文書の作成，送信先の設定，メールの送受信などを行う。

メーラ

3　メールの送信

メールは郵便の葉書と同じである，と考えたほうがよい。メールを通常の手段で送ると，第三者に傍受（盗み見られる）されるおそれがあるため，機密性を必要とするメールは**暗号化**するなどの工夫が必要である。

暗号化：一定の手順に基づいて元の状態が推定できないように変換すること
CC（Carbon Copy）
BCC（Blind Carbon Copy）

1　宛先の指定

メールを送る相手を指定する欄としては，「**宛先**」「**CC**」「**BCC**」の3つの欄があり，通常は，メールを送る相手のメールアドレスは「宛先」の欄に入力する。「CC」は「Carbon Copy」の略で，参考までに送ります，という意味合いが含まれる。そのため，返信を希望する場合には，必ず「宛先」の欄を利用してメールを送信したほうがよい。「宛先」「CC」の欄に入力したアドレスは，他に送ったメールの相手に公開される。そのため，メールアドレスを非公開にしたい相手のアドレスは「CC」ではなく，「BCC」の欄を使用する。「BCC」を利用することにより，メールを受信した相手には，BCC欄の相手に送ったことはわからない。

メールを送る相手を指定する欄には，送信する際に複数のメールアドレスを入力することができるが，ISPによっては，迷惑メール防止のために最大で一度に送れる人数を制限している場合もある。

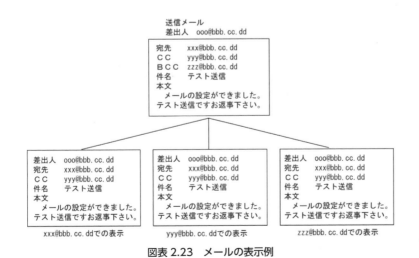

図表 2.23　メールの表示例

② 件名

件名にはメールの内容を簡潔な 1 文で記入する。空白の場合には迷惑メールと判断される場合もある。

③ 本文

本文はテキスト形式のメールと，**HTML メール**を作成することができる。テキスト形式のメールは，文字情報のみが記述されているメールである。HTML メールは，メールの本文が HTML で書かれているので，文字の大きさ，色などを変えることができ，Web ページのようなメールを送ることができる。ただし，HTML メールに対応していないメーラで受信すると正常に表示されない。また，コンピュータウィルスを仕込んだメールを送るのにも HTML メールは悪用されていたこともあり，一般的には利用はさけたほうがよい。

HTML メール：HTML 記述されたメール

④ 送信

メールの送信を行う場合にも，踏み台など不正使用されないために一般的にユーザ認証が行われる。ユーザ認証の方法としては，POP before SMTP という方法と SMTP 認証がある。POP before SMTP は，送信作業を行う前に，受信作業を行い，POP の認証を利用してユーザの確認を行っている。受信作業を行った後，数分以内でないと送信ができなくなる。SMTP 認証は，送信用サーバの SMTP サーバで認証を行うものである。

4　メールの受信

メールの受信を行う際には，ユーザ ID とパスワードを利用して，本人であるかどうかのユーザ認証が行われる。メーラの設定や POP や IMAP の違いなどにより受信方法は異なる。

5　メールの返信

受信したメールを利用して返事を書く場合には，返信機能を利用すると便利である。返信機能を利用することにより，宛先，件名の設定は必要なく，件名に「Re:」などが付き，件名だけ見ても相手は返信であることがわかる。本文においても，相手のメッセージには「>」などの記号が，行の先頭に付く場合が多い。相手のメッセージの不要な部分を削除して返事を書くこともできる。しかし，元のメールは相手の著作物でもあるので，注意が必要である。

6　添付ファイル

電子メールには，写真やデータファイルなどを添付して送受信することができる。しかし，文字情報に比べて写真などのデータは，容量が非常に大きい。たとえば，漢字 1000 文字は 2 kB だが，スマートフォンの画面サイズ程度の大きさの 2000 ピクセル×1000 ピクセルの写真の

場合，圧縮されていないフルカラー画像では，2000×1000×3 B＝6 MB 程度の容量となる。このように文字以外のデータは容量が大きいため，送受信に時間がかかったりサーバに負荷がかかることになる。メール用のサーバの容量は ISP によって指定されているので，相手先でメールの受信ができない場合もある。また，送信時の容量を制限している場合もある。ファイルサイズは圧縮して小さくするなど，添付ファイルを利用する場合には配慮が必要である。また，セキュリティ対策により添付できないファイルの形式もある。

差出人が不明のメールなどには，コンピュータウィルスが入っているファイルが添付されている場合もあるため，不用意に添付ファイルを開くのは危険な場合もある。

7　メーリングリスト

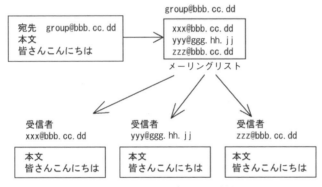

メールアドレスのリストを作成し，リストの登録者に一括してメールを送ることができるサービスのことである。送信者は，送信先にグループを指定するだけで，同じ内容のメールが，リストの登録者に送られる。

メーリングリスト（Mailing List）

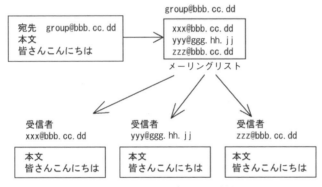

図表 2.24　メーリングリストの仕組み

8　Web メール

Web メール（Webmail）

電子メール専用のソフトウェアを使用せずに，Web ブラウザからメールサーバに届いたメールを読んだり，メールを送信したりするサービスである。電子メールソフトを使用しないため，Web ブラウザが使える環境であれば，どこでも見ることができる。

9　メールマガジン

電子メールを利用した，雑誌のようなメッセージやニュースなどを掲載したメールのことである。

column 迷惑メール対策

　携帯電話の普及にともない，迷惑メールが多くなった。携帯電話の通信料の契約は使用した通信料だけ払う従量制が多かったため，迷惑メールは本当に迷惑な存在であった。迷惑メールを規制する「特定商取引に関する法律の改正」と「特定電子メールの送信の適正化等に関する法律」の2法案（あわせて迷惑メール関連法）が2002年7月に施行され，件名に「未承諾広告※」と入れることになった。電話会社でも件名に「未承諾広告※」が入っているメールは，フィルタにより通過させないようにする設定などを用意したが，施行当初は「未」を「末」としたメールや「※未承諾広告」等のメールが存在した。また，ユーザから再送信を拒否しなければ送信をしてよいオプトアウト方式であった。

　2008年に施行された迷惑メールを規制する「特定電子メールの送信の適正化等に関する法律（特定電子メール法）」により，特定電子メール法は原則として，ユーザが受信の同意をしていない場合に送信すると違法になるオプトイン方式が採用されており，罰則も強化された。これにより，かなりの迷惑メールが減った。

章 末 問 題

問題1　次のインターネットに関する記述を読み，最も関連の深い字句を解答群から選べ。

（1）　インターネットで利用されている標準プロトコル。

（2）　インターネットの Web ページを閲覧するためのソフトウェア。

（3）　インターネットを利用するためには，接続サービスを利用しなければならない。この接続サービスをしてくれる事業者。

（4）　インターネットを利用するためには，接続機器にある番号（数値）が割り当てられなければならない。この番号を何というか。

（5）　インターネットで利用するサーバを指定するとき，192.168.1.1 というような数値列では利用しにくいので，人間にとってわかりやすい文字の集まりで示すようになっている。この一定規則に従った文字の集まりを何というか。

（6）　Web ページを作成しているタグを組み合わせた言語。

（解答群）...
    ア．ISP　　　　　　　イ．TCP/IP　　　　　ウ．HTML
    エ．IP アドレス　　　オ．メーラ　　　　　カ．基数
    キ．ドメイン名　　　ク．Web ブラウザ　　ケ．アカウント

問題2　次のインターネットへの接続に関する記述を読み，接続に必要な機器を解答群から選べ。

（1）　アナログ回線でのダイアルアップ接続に必要な機器。これを内蔵している PC では，アナログの電話回線があればどこからでもインターネットに接続できる。

（2）　ISDN 回線では DSU と，PC やアナログ電話機をディジタル回線で使用できるようにする機器が必要。

（3）　アナログ回線のブロードバンド接続には，スプリッタと USB 接続や LAN ケーブルで接続する機器が必要。

（4）　ケーブルテレビを利用したインターネット接続には，ケーブルテレビの回線をスプリッタで TV 用と PC 用とに分ける。PC 側では信号を変換するための機器が必要。

（5）　FTTH は，光ファイバケーブルを家庭内に引き込んで高速な通信ができる。光ファイバケーブルとコンピュータの間には，信号を変換する機器が必要。

（6）　ブロードバンドを利用し，1 つの回線を複数の PC で利用するために必要な機器。

（解答群）...
    ア．モデム　　　　　イ．TA　　　　　　　ウ．ハードディスク
    エ．ADSL モデム　　オ．ケーブルモデム　カ．メディアコンバータ
    キ．LAN ボード　　　ク．ブロードバンドルータ

→ 問題3 次の Web ページの閲覧に関する記述中の _____ に入れるべき，最も適切な字句を解答群から選べ。

　Web ブラウザを利用してインターネットの Web ページを閲覧したときに，記号の羅列のような画面が表示されてしまった。この原因は，__(1)__ が一致していないためで，これを適切に設定すれば理解できる文字にすることができる。また，自動で選ぶようにすることもできる。

　閲覧したい Web ページを指定するときには，アドレスの欄にプロトコル名，ドメイン名，パス名などの組合せでできている __(2)__ を入力する。他の方法として，検索サイトを利用する方法がある。検索サイトには，人手で Web ページに関する情報を収集して内容ごとに分類している __(3)__ や，専用プログラムを利用して自動的に情報を収集して登録していく __(4)__ がある。検索サイトにおいて関連する分野ごとに分類されているものを利用し，目的のサイトを見つけることを __(5)__ 検索という。

（解答群）‥‥‥‥‥‥‥‥‥‥‥‥‥‥‥‥‥‥‥‥‥‥‥‥‥‥‥‥‥‥‥‥‥‥‥‥‥

　　ア．ISP　　　　　　イ．URL　　　　　　ウ．DNS
　　エ．フォント　　　　オ．ディレクトリ型　　カ．ロボット型
　　キ．カテゴリー　　　ク．文字コード　　　　ケ．キーワード

→ 問題4 次の電子メールの利用に関する記述中の _____ に入れるべき，最も適切な字句を解答群から選べ。

　電子メールを送るときには，相手のメールアドレスを宛先の欄に入力する。同じメールを参考までに送る場合には __(1)__ の欄を使用する。この場合，すべての受信者にアドレスは公開されてしまう。アドレスを公開しないようにするためには，__(2)__ の欄を使用する。

　電子メールは，送信するときには __(3)__ というプロトコルが使用されている。メールの確認をするときには，受信者は __(4)__ や IMAP というプロトコルを使用してメールの受信を行う。このときには，必ず __(5)__ が行われ，本人であることが確認されたときにメールを受信することができる。

（解答群）‥‥‥‥‥‥‥‥‥‥‥‥‥‥‥‥‥‥‥‥‥‥‥‥‥‥‥‥‥‥‥‥‥‥‥‥‥

　　ア．BCC　　　　　　イ．CC　　　　　　ウ．ISP
　　エ．POP　　　　　　オ．SMTP　　　　　カ．URL
　　キ．ユーザ認証　　　ク．フィルタリング

第3章
アプリケーションソフトの利用

1 日本語ワープロソフトの使い方

1 日本語ワープロソフトの機能

日本語ワープロソフト（以下ワープロソフト）は，日本語の文書を作成することを目的としたソフトウェアである。

ワープロソフトには次のような機能がある。

①**入力機能** ··

文字などをキーボードから入力するための機能。

日本語は，ひらがな，カタカナ，漢字，数字，英字，記号など，種々の文字を利用する。それらの文字を効率的に入力変換するための機能である。

また，**文章校正**（**スペルチェック**，**文法チェック**）・**文字体裁**（文字間隔の調整）など，ユーザに合わせて設定できる。

②**編集機能** ··

作成した文書を修正したり，加工したりする機能。

フォントの指定や文字の大きさ，文字の装飾（**スタイル**）など，文書全体の**レイアウト**（体裁）などの設定ができる。

また，入力した文字を**検索**したり，**置換**を行う機能や，**組文字**，ドロップキャップなどの機能もある。

③**印刷機能** ··

作成した文書を印刷する機能。

用紙サイズ，**印刷枚数**，**拡大・縮小印刷**，**縦・横印刷**や，**ページ余白**，**ページ番号**などの設定ができる。さらに細かい設定としては，**袋とじ印刷**，**ラベル**や**はがき**，**封筒**などへの印刷にも対応している。

また，拡大して複数の紙に分けて印刷（**ポスター印刷**）する機能や，複数ページを1枚の紙に印刷（**レイアウト印刷**）する機能があるワープロソフトもある。

④**文書保存機能** ···

作成した文書の保存や呼出しを行う機能。

［側注］
日本語ワープロソフト

入力機能

文章校正
スペルチェック
文法チェック
文字体裁
編集機能
フォント
スタイル
レイアウト
検索
置換
組文字
ドロップキャップ
印刷機能
用紙サイズ
印刷枚数
拡大・縮小印刷
縦・横印刷
ページ余白
ページ番号
袋とじ印刷
ラベル
封筒
ポスター印刷
レイアウト印刷
文書保存機能

使用するワープロソフト独自形式での保存や呼出しはもちろんのこと，他のワープロソフトでの形式や，**テキスト形式**の保存や **PDF**，**HTML 形式**での保存も可能になり，ワープロソフト以外での利用も簡単に行える。

テキスト形式
PDF
HTML 形式

また，**自動バックアップ機能**を用いることにより，バックアップファイルを一定の周期で自動的に保存をする機能もある。

自動バックアップ機能

⑤その他の機能

セキュリティ対策として，文書ファイルに**パスワードの設定**をする機能がある。他の人に閲覧されたり，書き換えられてしまうことを防ぐために，文書ごとにパスワードを設定できる。

パスワードの設定

2 基本的な編集

1 インデント，タブ

文章の行頭文字をそろえたいときには，インデントやタブを利用する。

インデントは，ページの余白（**マージン**）から，それぞれの行にある文字列の行頭・行末の間隔を設定する機能である。その行に文字列が追加されたり削除されても，インデント設定された行頭，行末は，位置が固定されている。

インデントは，行頭，行末で，広い範囲を一度に設定することができる。

インデント
タブ

マージン

```
ワープロの印刷機能（インデント未設定）
    用紙サイズの設定
    印刷枚数の設定   }（インデント設定）
    拡大・縮小印刷

  ↑インデント位置
```

図表 3.1　インデント

タブは，Tab キーを押すことにより，あらかじめ設定しておいた位置にカーソルを移動させる機能である。1 行の中でいくつも設定することができる。ただし，1 つひとつ設定する必要がある。

```
みかん          リンゴ
キウィフルーツ   さくらんぼ
栗              スイカ

↑タブ位置     ↑タブ位置
```

図表 3.2　タブ

2 コピー＆ペーストとカット＆ペースト

コピー＆ペーストは，ある部分の複写を取り，別の場所に同じものを作成する機能である。

コピー＆ペースト
カット＆ペースト

カット＆ペーストは，ある部分を切り取り，別の場所に移動する機能である。

　この両機能は，ワープロソフトだけでなく，他のソフトでも用意されている。

③ 左寄せ，中央揃え，右寄せ

左寄せ
中央揃え
右寄せ

　指定した範囲の文章を，左寄せでは左に揃えて，右寄せでは右に揃えて，中央揃え（センタリング）では中央に揃うように設定する機能である。

一般財団法人（左寄せ）

（右寄せ）実教出版担当者

情報活用試験について（中央揃え）

図表 3.3　左寄せ，中央揃え，右寄せ

④ 文字装飾

　文字の装飾には，**網掛け**，*斜体*，**太字**，アンダーライン，取消しライン，アッパーライン，傍点，反転，回転，影文字，白抜き，文字囲い，組文字，上付き 1/4，下付き 1/4，ドロップキャップなどがある。

網掛け
斜体
太字
アンダーライン
取消しライン
アッパーライン
傍点
反転
回転
影文字
白抜き
文字囲い
組文字
上付き 1/4
下付き 1/4
ドロップキャップ

- 網掛け　　　　　　　あああああ
- 斜体　　　　　　　　あああああ
- 太字　　　　　　　　あああああ
- アンダーライン　　　あああああ
- 取消しライン　　　　あああああ
- アッパーライン　　　あああああ
- 傍点　　　　　　　　あああああ
- 反転　　　　　　　　あああああ
- 回転　　　　　　　　あああああ
- 影文字　　　　　　　あああああ
- 白抜き　　　　　　　あああああ
- 文字囲い　　　　　　あああああ
- 組文字　　　　　　　ああああ
- 上付き 1/4　　　　　あああああ
- 下付き 1/4　　　　　あああああ
- ドロップキャップ　　　　ああ

あ ああ

図表 3.4　文字装飾

5 フォント，ポイント

　フォントは，文字の書体を決めることである。毛筆体や明朝体，ゴシック体などがある。

・明朝体	あ あ あ あ あ
・ゴシック	**あ あ あ あ あ**
・行書体	*あ あ あ あ あ*
・楷書体	あ あ あ あ あ
・丸ゴシック体	あ あ あ あ あ
・ポップ体	**あ あ あ あ あ**

図表 3.5　フォント

　ポイントは，文字の大きさを指定する。

1 ポイントは，1/72 インチ。
1 インチ÷72＝25.4 mm÷
72 ≒ 0.35 mm

- 5ポイント
- 10ポイント
- 20ポイント
- 30ポイント
- 40ポイント

図表 3.6　ポイント

6 均等割付け，ルビ

　均等割付けは，指定された範囲に，指定された文字列を均等に配置する。

均等割付前	均等割付後
あ あ あ あ あ	あ あ あ あ あ
い い い い	い い い い
う う う	う う う
え え	え え

図表 3.7　均等割付け

　ルビは，漢字にフリガナをふることである。

東京都千代田区
（とうきょうとちよだく）

7 罫線

罫線は，ある部分を囲ったり，表を作成したりする。

—— 実線（細線）	—— 実線（中線）	—— 実線（太線）
----- 点線（細線）	----- 点線（中線）	----- 点線（太線）
══ 二重線	----- 一点鎖線	〜〜〜 飾り罫

図表 3.8　罫線

8 禁則処理

行末や行頭に置けない文字が，行末や行頭になってしまう場合に，自動的に調整する機能。行末に置けない文字が行末にある場合は，次の行の行頭に，行頭に置けない文字が行頭にある場合は，前の行の行末に移動させる。

　　行頭に置けない文字

　　　　単位記号（m^2　kg　％　など）

　　　　繰返し記号（々　〃　ゝ　ゞ　など）

　　　　句読点（、　，　。　．　；　：）

　　　　カッコ（」　』　】　］　｝　）　など）

　　　　拗音，促音（ゃ　っ　など）

　　行末に置けない文字

　　　　商用記号（＠　￥　＄　など）

　　　　カッコ（「　『　【　［　｛　（　など）

・・・・・・昔，むかし，あるところにおじいさんとおばあさんが住んでいました。	→ 行頭 →	・・・・・・・昔，むかし，あるところにおじいさんとおばあさんが住んでいました。
・・・・・・・広まった理由の1つとして，WWW（ワールドワイドウェブ）の	→ 行末 →	・・・・・・・広まった理由の1つとして，WWW（ワールドワイドウェブ）の

図表 3.9　禁則処理

9 段組

段組

文を，指定した段数に分けて配置する機能。

長い文章を見やすくし，まとめる場合などに利用する。

〈2段〉

インターネットは，1960年代に米国国防省が中心となって，政府機関と軍事機関のコンピュータをネットワークで接続したARPANETが基盤となっている。このあとに	な規模に発展した。ネットワークどうしを接続していることより，ネットワークのネットワークともいわれている。インターネットが広まった理由の1つとして，WWW（ワー

図表 3.10　2段組

〈3段〉

インターネットは，1960年代に米国国防省が中心となって，政府機関と軍事機関をネットワークで接続したARPANETが	基盤となっている。このあとに大学や研究機関などにも開放され，世界的な規模に発展した。ネットワークどうしを	接続していることより，ネットワークのネットワークともいわれている。インターネットが広まった理由の1つとし

図表 3.11　3段組

〈設定〉

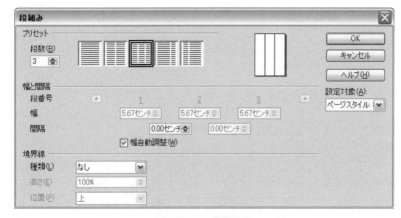

図表 3.12　段組設定

3　文書の印刷

ワープロソフトで作成した文書は，最終的には**印刷**され，紙媒体として配布・保存されることが多い。また，そのまま**FAX**で送信することもある。

印刷
FAX

1 用紙サイズ，余白，行数，文字数，ヘッダ，フッタ

用紙サイズ
余白
行数
文字数
ヘッダ
フッタ

印刷は紙媒体にすることから，上下左右の余白を設定し，その余白以外の場所に，文章を作成する。その際に，文字間隔や行間隔，1行文字数や行数の設定により，1枚の紙に入る文章量が変わる。そのため，用紙サイズは先に設定するほうが，他の設定が行いやすい。

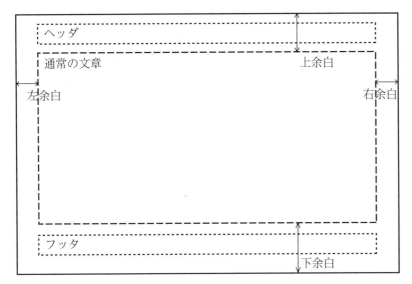

図表3.13　余白，ヘッダ，フッタ

図表 3.14　ページ設定（用紙，余白）

図表 3.15　ページ設定（行数，文字数）

　用紙サイズには，A判とB判の2種類の規格がある。A判は国際規格で $1\,m^2$ を基準に，B判は日本独自の規格で $1.5\,m^2$ を基準にしている。

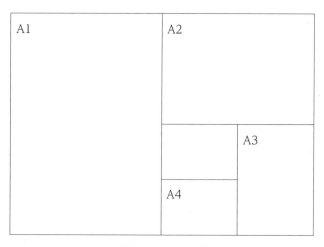

A0：841 mm×1189 mm
A1：594 mm×841 mm
A2：420 mm×594 mm
A3：297 mm×420 mm
A4：210 mm×297 mm

図表 3.16　用紙の規格

② 用紙方向，横書き，縦書き

　印刷する際に，用紙を横向きに印刷するか，縦向きに印刷するかを設定できる。ただし，この設定は，1ページの行数や文字数に影響するため，用紙サイズを設定する際に，同時に設定するほうが作業効率がよい。

用紙方向
横書き
縦書き

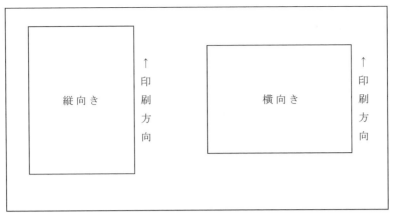

図表 3.17　印刷方向

用紙に横書きにするか，縦書きにするかを決めることができる。

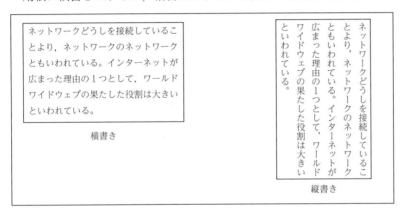

図表 3.18　横書き，縦書き

③ **袋とじ印刷**

1枚の用紙を中央で分割し，2ページ分の文書を1ページに印刷する方法である。分割の方法は，縦割りと横割りがある。

ネットワークどうしを接続していることより，ネットワークのネットワークともいわれている。インターネットが広まった理由の1つとして，ワールドワイドウェブの果たした役割は大きいといわれている。	インターネットは，1960年代に米国国防省が中心となって，政府機関と軍事機関のコンピュータをネットワークで接続した ARPANET が基盤となっている。このあとに大学や研究機関などにも開放され，世界的な規模に発展した。
-1-	-2-

図表 3.19　袋とじ印刷（縦割り）

④ カーニング，ジャスティフィケーション，ワードラップ

カーニングとは，字詰めおよび文字間隔のことを指す。これは，字面のバランスをとるために，文字の間隔を狭めたり拡げたりすることを意味する。

ジャスティフィケーションは，欧文だけ，または和文と欧文が混在している行のワードスペース（単語間のスペース）を調節して行末をそろえる機能である。

ワードラップは，欧文フォントを設定した英単語が行末で途切れて2行に分割される場合，単語ごと次の行に送る機能である。

4　使い方の応用

ワープロソフトには，編集機能のほかに，**文書作成支援ツール**がある。

① 検索，置換

ある指定された文字を探す機能が検索であり，ある文字を別の文字に置き換える機能が置換である。

たとえば，文書の入力で，読点「、」を「，」に変えたい場合などに，置換を利用することにより，一括で置き換えることが可能である。

② 文法チェック，スペルチェック

文法チェックは，入力ミスや単純な思い違いなどで誤入力されたものを発見し，自動で校正する機能である。なお英文では，スペルチェックを行う。

③ ブックマーク，脚注

文書の特定の位置に，カーソルを移動させるため，ブックマーク設定を行うことができる。これを使用することにより，編集中に別の場所に移動する必要が生じたときなどに，元に戻るのに便利である。

脚注は，コメントや参考文献など，文書の内容を補足したり，説明したりするのに使用する。

5　文書の保存

① 保存

ワープロソフトで作成した文書を保存する。一般的には，何も指定しなければ，そのワープロソフト固有の形式で保存される。

② バックアップ

せっかく作った文章を誤って削除してしまったり，修正した後，修正前のデータを残しておきたいのに，上書き保存してしまうこともある。この対応のために，他の補助記憶装置などに予備として複製を保存しておくことをバックアップという。

編集中に何らかの原因で，障害が発生した場合に備えて，定期的に自動でバックアップを実行する機能を自動バックアップという。障害など

カーニング
ジャスティフィケーション
ワードラップ

文書作成支援ツール
検索
置換

文法チェック
スペルチェック

ブックマーク
脚注

保存

バックアップ

の対策のために，自動バックアップ機能は設定しておいたほうがよい。

パスワード

3 パスワード

　秘密にしたい文書などは，パスワード設定を行う。そのパスワードを
入れない限り，開けないようにすることができる。

図表 3.20　パスワード設定（1）

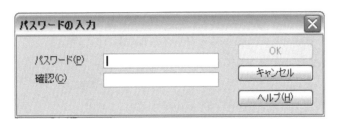

図表 3.21　パスワード設定（2）

1. 日本語ワープロソフトの使い方　75

2 さまざまなアプリケーションソフト

1　表計算ソフト

　表形式のシートを用いて，いろいろなデータを，あらかじめ用意され
ている関数などにより計算・集計するソフトウェアである。表計算機能
のほかに，グラフ作成や簡易なデータベース機能も兼ね備えている。

2　データベースソフト

　さまざまな大量のデータを一つにまとめ，データの集計や検索，更新
などが行え，効率よくデータを扱うことができる。

　また，データを用いて，宛名印刷やデータ分析用のレポートなども作
成することができる。

3　Web ブラウザ

　インターネットを通じて，あらゆる Web ページを閲覧するためのソ
フトウェアである。

　たびたび閲覧する Web ページなどは，ブックマークとして記録して
おくことにより，メニューから簡単に Web ページをみることができる。

4　電子メールソフト

　電子メールの送受信を行うソフトウェアである。

　アドレス帳に，メールアドレスを登録しておくことにより，メールの
送信時に，そのアドレス帳からメールアドレスを取り込むことができる。

5　画像編集ソフト

　画像編集ソフトには，写真などを加工するものや，CG を作成するも
の，イラストを作成するものなど，用途により数多くのソフトウェアが
ある。

　画像編集ソフトは，ペイント系ソフトウェアとドロー系ソフトウェア
の 2 つに分類される。ペイント系ソフトウェアは，ビットマップ画像
であるピクセルの集まりのデータを取り扱う。写真の加工のソフトウェ
アがこれにあたる。ドロー系ソフトウェアは，点と線からなるベクター
データを取り扱い，CAD ソフトがこれにあたる。

6　プレゼンテーションソフト

　OHP やスライドの代わりに，パソコンを用いて，資料やデータをプ
ロジェクタでスクリーンに表示したり，配布用の資料を作成したりする
ソフトウェアである。

7　CAD ソフト

　CAD は Computer Aided Design の略で，「コンピュータ支援設計」
のことである。CAD ソフトは建築物や工業製品の設計にコンピュータ

表計算ソフト

データベースソフト

Web ブラウザ

電子メールソフト

画像編集ソフト

プレゼンテーションソフト

CAD ソフト

CAD (Computer Aided Design)

を用いるソフトウェアのことである。

■8■ オーサリングソフト

　一般には，複数のマルチメディア要素を編集・統合して，1つのタイトルとしてまとめることをオーサリングと呼ぶ。

　オーサリングソフトは文字や画像，音声，動画といったデータを編集して，1本のコンテンツを作るソフトウェアのことである。

■9■ DTP ソフト

　DTP とは出版物のデザイン，レイアウトをパソコンで行うことである。ページプリンタやスキャナが高性能化・低価格化したことに加え，アウトラインフォントの充実，DTP ソフトの進化によって，現在では印刷物の作成は，ほとんど DTP ソフトで行われるようになっている。

■10■ DTM ソフト

　作曲や演奏を行うソフトウェアのことである。シーケンスソフトとも呼ばれ，音楽を作成したり，既存の音楽を編集したり，作ったデータを演奏させたりすることができる。

■11■ 動画編集ソフト

　ビデオやビデオカメラで撮影した動画に，タイトルを付けたり，字幕を入れたり，必要のない部分を切り取ったり，さまざまな編集ができる。その編集した動画を，DVD に書き込んだりすることもできる。

オーサリングソフト

DTP ソフト

DTP (DeskTop Publishing)

DTM ソフト

動画編集ソフト

---

column　拡張子とソフトウェア

　作成したファイルのアイコンをダブルクリックすると，アプリケーションソフトが起動し，ファイルが開く，この一連の動作はとても便利な機能である。これは，ファイル名にはファイルの形式を示す拡張子がついているためである。アプリケーションソフトと拡張子の関連付が登録されており，拡張子により起動するアプリケーションソフトが指定されている。これにより，自動的にアプリケーションソフトが起動する。しかし，新たにアプリケーションソフトをインストールしたときに，今まで関連付けされていた拡張子とアプリケーションソフトの関係を変更してしまう場合もある。また，自分で関連付けを設定することもできる。

章 末 問 題

問題1 次のワープロソフトの説明を読み，最も関連する字句を解答群から選べ。

（1） この機能を使って，文書内にある（有）を（株）に一括で変更した。

（2） 題目の文字数がバラバラだったため，すべての題目の最初の文字と最後の文字が同じ位置に揃うように調整した。

（3） 行の頭に　，　。や」が来ないように，自動的に行送りをした。

（4） 文字を目立たせるように，通常の文字よりも大きくした。

（5） 難しい漢字だったため，読みやすいようにフリガナを付けた。

（6） 1枚の用紙を中央で分割し，2ページ分の文書を1ページに印刷した。

（7） 短歌を書くために，明朝体から行書体に変更した。

解答群 ....

ア．罫線　　　　　　　イ．フォント　　　　　　ウ．行間

エ．均等割付け　　　　オ．検索機能　　　　　　カ．置換機能

キ．禁則処理　　　　　ク．袋とじ印刷　　　　　ケ．ルビ

コ．ポイント　　　　　サ．ハイフネーション

問題2 次の説明に該当するアプリケーションソフトを，解答群から選べ。

（1） データの集計・分析に用いられるアプリケーションソフトで，縦横に並んだマス目に数値や計算式を入力して，数式の分析や計算結果を表示する。

（2） 文書を作成するためのアプリケーションソフトで，文字のフォントや大きさを調整したり，罫線や表や図を埋め込んだりして，文書を完成させ，印刷する機能を持っている。

（3） 蓄積された大量のデータを，効率よく管理・利用するためのアプリケーションソフトで，条件にあったものを検索したり，選択したりすることができる。また利用方法によっては，宛名書きやデータを集計したレポートを印刷することもできる。

（4） Webページを表示するアプリケーションソフト。

（5） 発表会や会議などで使用する資料やデータを作成し，スライド形式で順次表示する。

（6） 絵や図形を描いたり，写真などを加工したりするアプリケーションソフト。

解答群 ....

ア．ワープロソフト　　　　　イ．表計算ソフト

ウ．データベースソフト　　　エ．画像編集ソフト

オ．プレゼンテーションソフト

カ．Webブラウザ　　　　　　キ．電子メールソフト

第4章

情報社会とコンピュータ

1 身近なコンピュータシステムと暮らし

1 コンピュータ・ネットワーク技術の進歩

1 コンピュータの発達

　社会の情報化に最も必要なものがコンピュータである。当初，企業の経理，生産管理，販売などの業務を効率的に行うために，汎用コンピュータと呼ばれる大企業向けの大型コンピュータが利用された。そのときの運用管理は，専門の部署により行われていた。

　その後，汎用コンピュータよりも小型で，低価格のオフィスコンピュータ（オフコン）やワークステーション，パソコンなどを利用して，部門内の必要な業務を，ワープロソフト，表計算ソフト，データベースソフトなどを使って行うようになった。オフィス業務の効率化のための，**オフィスオートメーション（OA）**の実現である。一方で，工場内の業務を効率化するためにコンピュータを導入した**ファクトリーオートメーション（FA）**も実現された。

オフィスオートメーション，**OA**（Office Automation）

ファクトリーオートメーション，**FA**（Factory Automation）

　近年では，業務用システムのハードウェアとして，サーバとパソコンを組み合わせて使う例が多くなっている。

　コンピュータには半導体素子が使われている。半導体素子として，トランジスタからIC（集積回路），そしてLSI（大規模集積回路）が開発され，コンピュータの小型化・高性能化が進み，計算速度と信頼性が飛躍的に向上した。また，いろいろな機能を，プログラムによって自由に変えられる半導体素子である**マイクロコンピュータ（マイコン）**が登場した。

マイクロコンピュータ（マイコン）

　マイコンは，コンピュータの小型化（ダウンサイジング）と高性能化，低価格化に大きく寄与し，誰もが，どこでもコンピュータを手軽に利用できるようになった。また，マイコンは家電製品や工業用製品に組み込まれ，その制御（**マイコン制御**）によって，製品は高性能化，多機能化している。

マイコン制御

　これからは，さまざまなモノがインターネットに接続され，それを

AI（人工知能）が制御するようになるといわれている。

2 ネットワークの発達

コンピュータは当初，単体（**スタンドアローン**）で利用されていたが，ケーブルなどで接続し，ネットワークとして利用されるようになった。

スタンドアローン

企業内のネットワーク（**LAN**）は最初，一部のコンピュータだけが接続されていたが，しだいにオフィス全体に張り巡らされ，現在ではほとんどのパソコンがネットワークにつながっている。また，クライアントサーバシステムが導入され，LAN はより使いやすいものになった。

LAN（Local Area Network）

LAN どうしを接続した **WAN** が一般化し，さらに一部の研究者だけのものであったインターネットを，誰もが使えるようになった。インターネットでは，Web ページの閲覧や電子メールの利用など，新しい情報伝達方法が提供されるようになった。

WAN（Wide Area Network）

LAN を構築する際にインターネットのルールを利用したネットワークをイントラネットといい，現在では企業内 LAN をイントラネットとして構築する企業が増えている。

インターネットとの接続には，ADSL や光ファイバケーブル（FTTH），ケーブルテレビ（CATV）回線などの高速で伝送する**ブロードバンド**が広く利用されている。また，無線で接続することもできるようになった。その結果，映画やテレビ映像などの大容量データが短時間でダウンロードできるようになったり，**IP 電話（インターネット電話）**が利用できるようになったりしている。

ブロードバンド

IP 電話：インターネット電話

IP 電話は，音声をディジタル化し，パケットにして運んで伝える技術で，無料で電話をかけられるパソコンソフトやサービスが登場している。

従来の通信手段であった固定電話に代わって，移動通信である**携帯電話**に加え，**スマートフォン**が爆発的に普及している。

携帯電話

スマートフォン

2 社会の中のコンピュータシステム

1 コンピュータシステムとは

わたしたちの社会の中で，コンピュータは必要不可欠なものになり，コンピュータどうしをつないだネットワークが普及した。コンピュータとネットワークは，科学技術分野からビジネス分野までの広い範囲で大きな役割を果たし，社会基盤（インフラ）になっている。

このようなコンピュータを，ある目的のために利用している形態を**コンピュータシステム**という。厳密な意味は異なるが，情報処理システム，情報システムという場合もある。**システム**とは，ある目的を達成するために，いくつかの構成要素を有機的な関連をもって組み立てた構造体のことである。

コンピュータシステム

システム

② いろいろなコンピュータシステム

私たちの生活に役立っているコンピュータシステムのいくつかを取り上げ，その役割と特徴について考える。

①座席予約システム ························

新幹線や航空機，劇場などの座席を予約するシステムである。JR の「みどりの窓口」などにある専用端末装置やパソコン，スマートフォンを使って希望の列車番号などを入力して，空き状況を確認し，予約することができる。

②銀行窓口システム ························

銀行への預入れや引出し，振込などの手続きを，預金者自身が ATM（現金自動預払機）のタッチパネルで操作するシステムである。社会の基幹システムとして重要な役割を担っている。

また，現在ではパソコンやスマートフォンを使ってインターネットバンキングなどもできるようになっている。

③ POS システム ························

スーパーやコンビニエンスストアなどの店舗で，商品の販売と支払いが行われる場面で，その時間，商品の名前や値段などを収集・記録し，その収集した情報に基づいて在庫を管理したり，売上げを管理したりするためのシステムである。

④気象予報システム ························

天気予報や台風の進路予測など，気象に関する情報を提供するためのシステムである。アメダス（地域気象観測システム）や「ひまわり（気象衛星）」，気象データ編集中継システム，数値予報システムなどが統合されている。

⑤全地球測位システム（GPS）························

カーナビゲーションや航海の位置測定に広く使われている。上空 21,000 km の軌道上を周回する衛星からの電波を受信し，2 次元の位置情報（緯度・経度）を測定する。衛星は最低 3 個必要で 4 個以上からの電波を受信すれば，高さのデータも得ることができる。

⑥自動料金収受システム（ETC）························

高速道路の料金所などでの自動料金収受システムである。自動車が料金所を通過するときに，ゲートと車載コンピュータの間で交信して自動的に料金の支払い手続きを行う。

⑦地理情報システム（GIS）························

ディジタル化した地図に，人口や建物，道路交通量などのデータを組

み込んだシステムである。地図上の地点を指定すると，その地点に関するデータが表示され，出店戦略や販売促進の指針を決定するのに使われる。

3　変わっていく社会

① 生活の変化

　スマートフォンが登場し，これまで利用されていた携帯電話よりさらに利便性の高い端末として多くの人に利用されるようになってきた。スマートフォンは，電話回線を使った通話だけでなく，電子メールやアドレス管理，スケジュール管理，天気予報やニュースの閲覧，インターネットバンキング，株の売買，オンラインショッピング，e-ラーニング，SNS，無料通話，音楽や動画の再生や共有，ゲームなどに使われている。スマートフォンにはカメラが内蔵されており，静止画や動画を簡単に撮影することができ，それをメールなどで送受信したり，SNS や写真投稿サイト，動画共有サイトなどに投稿したりすることができる。SNS は，利用者がインターネット上で情報を発信し，利用者どうしのつながりを形成していくサービスで，SNS だけでなく写真投稿サイト，動画共有サイト，ブログなどにも利用者どうしのネットワークを形成する機能がある。このように，スマートフォンの登場は，コミュニケーションのあり方も変えようとしている。

インターネットバンキング

　オンラインショッピングは，従来からある企業と消費者との取引を，インターネットを介して行う形態である。生鮮食品などが注文した当日や翌日に配達されるネットスーパーも登場し，生活の利便性がさらに向上した。

　また，消費者間取引であるオークションは，インターネットを介することで広く大規模に行われるようになった。近年ではインターネットオークションだけではなく，提示された価格での売買や値引き交渉をした上での売買ができる仮想のフリーマーケット取引を行う Web サイト（フリマサイト）や，フリマサイトにアクセスするためのアプリケーション（フリマアプリ）を介した取引も登場している。さらに，物品だけでなく，個人の持つ技能を売買するサービスも登場してきている。

　銀行の提供する Web サイトやアプリケーションを通じて口座の残高照会や振込，振替などの操作を行うことができるサービスをインターネットバンキングという。近年では政府が**キャッシュレス決済**を推進しており，従来のクレジットカード決済などに加えて，消費者がバーコードや QR コードを提示することで決済ができるサービスや，店舗が提示する QR コードを消費者側の端末で読み取って，金額を入力して決済するサービスなどが出てきている。

キャッシュレス決済

スマートフォンだけでなく，家庭用ゲーム機
やテレビなどもインターネットに接続できる
機能が搭載されたものが登場し，家庭用ゲーム
機を使ってボイスチャットをしたり，テレビを
見ながらクイズ番組に参加したり，通信販売番
組で紹介されている商品の注文をその場で
行ったりすることができるようになった。

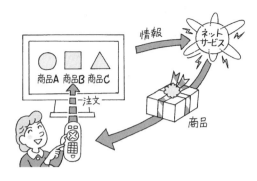

ゲームも，これまでのコンピュータゲームと
は異なり，スマートフォンや家庭用ゲーム機をインターネット経由で専
用のサーバや他の利用者と接続して，楽しむことができるようになった。
このオンラインゲームは，リアルタイムで同じゲームを進行させること
のできるゲームで，SNS上で提供されるものはソーシャルゲーム，ス
トリーミング配信されるものはクラウドゲームなどと呼ばれている。

また，ウェアラブルコンピュータやVR，ARなどの技術もゲームに
活用されている。ウェアラブルコンピュータとは，着用できるコンピュー
タのことで，ウェアラブルデバイスとも呼ばれている。現在でもヘッド
マウントディスプレイや腕時計型，メガネ型，ペンダント型などの製品が
ある。VRとは仮想現実のことで，視覚を中心にほかの感覚も活用し
ながら，ディスプレイに映し出された仮想世界に自分が入り込んだよう
な体験ができる技術である。たとえば，自宅にいながらゲームの世界に
入り込んで戦ったりできる。ARは拡張現実のことで，現実世界にCG
などで作ったディジタル情報を加え，現実世界の中に仮想現実が加わっ
たかのような体験ができる技術である。たとえば，近所の公園や歩道に
ゲームのキャラクターがいて，それを捕まえたりできる。

映画やテレビ番組の配信サービスは，オンデマンド配信サービス，
VODとも呼ばれ，見たいときに見たい映画やテレビ番組などを視聴で
きるサービスで，インターネットのブロードバンド化により，大容量デー
タを短時間で転送できるようになったことから可能となった。

また，地上ディジタルテレビ放送が開始され，高画質・高音質・多チャ
ンネルのサービスが提供されるようになった。移動通信機器向けに配信
される地上ディジタルテレビ放送であるワンセグのサービスも提供され
ており，カーナビゲーションシステムなどを使ってテレビ放送を視聴す
ることもできるようになった。

このようにインターネットを利用する目的は多岐にわたっており，今
後はIoTとの融合により，さらに生活の利便性が向上していくと考えら
れる。

ウェアラブルコンピュータ
VR (Virtual Reality)
AR (Augmented Reality)

オンデマンド配信サービス
VOD (Video On Demand)

IoT (Internet of Things)

2 ビジネスの変化

①商取引の変化

　ネットワークを介して，商品やサービスを取引きする**電子商取引**（エレクトロニックコマース，e-コマース，EC）は，新たな商取引の形態を生み出した。企業どうしの取引きを行う**BtoB**，企業と消費者間の取引きを行う**BtoC**，消費者どうしの取引きを行う**CtoC**に分類される。

　BtoB では，企業どうしが原材料の調達や製品の受発注などをネットワーク上で行い，コストを削減することができる。ショッピングサイトなどで買い物をするオンラインショッピングはBtoC，インターネットを介して消費者が売りたい品物を競売にかけるネットオークションやフリマアプリなどは CtoC の例である。

　このような取引きの支払いの仕組みに，クレジットカードによる決済や**電子マネー**による**キャッシュレス決済**などがある。電子マネーは，IC カードやパソコンにあらかじめ現金や預金と引換えに引き落としておき，通常の貨幣と同じようにネットワーク内で使うことのできる電子的な貨幣である。最近では，消費者がバーコードや QR コードを提示することで，決済ができるサービスや，店舗が提示する QR コードを消費者側の端末で読み取って，金額を入力して決済するサービスも登場している。

　ほかにも，従来からあるクレジットカードやデビットカード，プリペイドカードなどに加えて**スマホ決済**も登場した。スマホ決済とは，スマートフォンを通じて決済を行う方法で，スマートフォンの利用代金とまとめて支払いができる方法と，スマートフォンに登録したクレジットカードの情報を，小型のカードリーダにかざすことでクレジットカード決済ができる方法とがある。

　電子商取引では，物流の管理や決済などのすべてを電子的に行い，究極のコスト削減を目指している。インターネットで書籍の注文をとることで取引コストを限りなくゼロに近づけて業績を伸ばすというビジネスモデルがその例である。また，インターネットを使った電子商取引では，製品の情報を Web サイトや電子メールで配信して，世界中と電子的な取引きを行うことができ，従来のように製品を作って，ただ買い手を待つ形態とは大きく異なる。

②販売管理方法の変化

　電子商取引などで新しいビジネスモデルを創り出すとともに，販売管理などのビジネス活動を効率化することが期待されている。販売管理に

電子商取引（エレクトロニックコマース，e-コマース，EC）
BtoB（Business to Business）
BtoC（Business to Consumer）
CtoC（Consumer to Consumer）

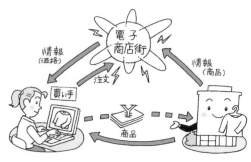
電子マネー

スマホ決済

情報技術を活用した例に，コンビニエンスストアなどの **POS** システムがある。商品についている**バーコード**などをレジで読み取り，商品の販売情報をリアルタイムに把握するシステムである。POS システムで客の購買行動を徹底的に分析し，曜日や時間帯ごとに品揃えを変えて売上げを伸ばした顧客主導型のビジネスモデルもある。

POS（Point Of Sales）
バーコード

③労働形態の変化 ………………………………………………………………

インターネットの普及により，勤労者の就業形態にも変化が生まれている。情報通信を活用した，場所と時間にとらわれないワークスタイルを**テレワーク**という。本社から離れた近郊の事務所に出勤して仕事をするサテライトオフィス勤務や，自宅にいながら仕事をする**在宅勤務**，携帯情報端末を利用して移動先でも仕事をする**モバイルワーク**などの形態がある。

テレワーク
在宅勤務
モバイルワーク

テレワークには，オフィスワークの生産性を向上させるという効果と，育児期の男女が仕事と家庭を両立させる就労の促進や，大都市圏への一極集中の緩和などの効果が期待されている。

同じように，情報技術を利用して小さな事務所（Small Office）や自宅（Home Office）で事業を起こすことを **SOHO** という。小規模だが，コンピュータネットワークを活用して，大企業に引けをとらない高い生産性を実現している事業者も存在する。

SOHO（Small Office Home Office）

また，近年では，事務所や会議室などのスペースを共有しながら独立した仕事を行う**コワーキング**という働き方も登場し，コスト削減などのメリットに加えて，価値観を共有する利用者どうしのつながりを形成できたり，他分野の利用者と刺激し合うことで，仕事上での相乗効果が期待できたりといったメリットもあるとされている。

コワーキング

こうした働き方を可能にしているのは，携帯できるノート型パソコンやスマートフォンと，容易にインターネットに接続できる環境が整ったことによる。携帯できる端末を使って移動中や出先などでコンピュータを利用することを**モバイルコンピューティング**という。

モバイルコンピューティング

③ サービスの変化

①公共サービス ………………………………………………………………

官公庁，地方自治体，公共機関などが，Web サイトでさまざまな情報を発信している。地方自治体では，Web サイトで観光，物産，イベントなどを紹介したり，住民からの意見募集や行政に関する意見交換，議論の場としても利用している。また，災害情報の発信なども行っている。

住民は Web サイトを閲覧して行政の情報を得たり，電子メールなどで意見を述べたりすることができる。また，**マイナンバー制度**が始まっ

マイナンバー制度

たこともあり，行政手続きの申請や届出，納税などもインターネットを介して容易にできるようになった。

②医療や教育への活用 ···

　対面でしか行えなかった医療や教育の分野でも，インターネットを通じて遠隔地から同じようなサービスが受けられるようになった。

　テレビ会議システムや遠隔操作が可能な医療機器を活用して，遠隔地で診断や医療支援を行うのが**遠隔医療**である。専門医がいない地域でも，診療や治療が受けられるようになりつつある。また，広域災害・救急医療情報システムにより，災害時には地域の医療機関，消防機関，保健所，市町村などを結び，被災地の医療機関の状況，全国の医療機関の支援状況などを，全国から把握することができるようになった。さらに，今後は医療等 ID により，個人の病歴や治療・検査履歴などの医療情報を医療機関どうしで情報共有できるようになるとされている。

　インターネットを利用した教育システムが開発され，パソコンで学習することが可能になった。このような学習形態を**e-ラーニング**といい，学校に行かずに学ぶ**在宅学習**も可能となった。必要な学習内容だけを受講できることや，遠隔地の教員と学生がやり取りできること，動画や音声を利用した学習教材の利用が容易であることなどが特徴である。

テレビ会議

遠隔医療

e-ラーニング
在宅学習

2 ┊ 情報社会の光と影

1　情報社会の光

　めざましく発展したコンピュータネットワーク技術は，私たちの生活や社会を大きく変化させている。毎日の天気予報や台風の進路予測，郵便局や銀行での預貯金の取扱い，新幹線や航空機の座席予約など，私たちの身の回りには，生活に役立つたくさんのコンピュータシステムが，当たり前のように存在し，活躍している。

　スマートフォンが登場し，インターネットバンキングやインターネットショッピング，音楽やゲームソフトの受信などに利用されている。また，地上ディジタルテレビ放送が始まり，テレビが「見るテレビ」から「使うテレビ」へと進化し，生活の利便性を向上させるものと期待されている。

　インターネットの普及により Web サイトによる情報発信，情報検索

サービスを利用した情報収集，電子メールやSNSの利用，インターネットショッピング，チケット予約，音楽や映像データの受信など，インターネット上でたくさんのサービスを受けることができるようになった。

また，近年ではIoTが注目されている。これは，家電製品や自動車，家などの建物，ロボットなどあらゆるものがインターネットで接続され，それらがデータのやり取りをすることで，私たち一人ひとりに最適化されたサービスを受けることができるというものである。たとえば，鍵の開け閉め，家電製品のスイッチのオン・オフ，健康管理などができるようになるとされている。

2 情報社会の影

情報社会の進展は，私たちの生活にさまざまな恩恵をもたらしたが，一方では，多くの問題もおこっている。

1 コンピュータやネットワークの悪用

① コンピュータやネットワークを利用した犯罪 ……………………………………

コンピュータやネットワークを利用した犯罪，つまり情報技術を利用した犯罪を**サイバー犯罪**，**ハイテク犯罪**，**ネット犯罪**と呼んでいる。インターネットオークションやフリマアプリなどを利用した詐欺行為，不正取得した他人のIDやパスワードを使う**不正アクセス**，児童買春，著作権法違反，SNSを利用した名誉毀損があり，年々増加する傾向にある。ネットワークなどを利用し，不正アクセスしてシステムなどの破壊行為におよぶ悪意ある人を**クラッカー**という。

コンピュータやネットワークを利用した犯罪と関連する，いくつかの用語について説明する。

・**不正アクセス**

コンピュータシステムを利用する者が，与えられた権限以上の行為をネットワーク上で意図的に行うことである。システムのぜい弱性を突いたり，他人のユーザIDやパスワードを何らかの方法で入手し，他人になりすましてシステムを利用したりする。

・**IDやパスワードの不正入手**

パスワードの設定や管理のあまさにつけ込んだものが最も多く，フィッシングによる入手，元従業員や交際相手など知り合いによる不正利用，不正プログラムを使用した技術の悪用などにより行われる。

・**フィッシング**

実在する銀行や運送会社などの企業をよそおってメールや**SMS**を送り，その企業のものにみせかけて作成した偽のWebサイトに誘導し，銀行口座番号や暗証番号，クレジットカード番号などを入力させて，金融情報や個人情報を不正に入手することである。

サイバー犯罪
ハイテク犯罪
ネット犯罪
不正アクセス

クラッカー

フィッシング

SMS（Short Message Service）

・なりすまし

正規の利用者のユーザ ID やパスワードを使って，その人のふりをして不正にデータを送受信したり，機密情報を手に入れたりすることで，不正な取引きを行ったり，他者をだましたりする。

・サイバーテロ

コンピュータやネットワークを利用して，送配電や航空管制，列車運行などの基幹的なシステムを意図的に攻撃することである。サイバー攻撃とも呼ばれる。このようなシステムが混乱すれば，その被害は計り知れない。

また，フィッシングやなりすましなど，人間の心理的な隙や行動のミスを巧妙につく心理的な攻撃のことを**ソーシャルエンジニアリング**という。ほかにもパスワードを入力している場面を後ろからのぞき見する**ショルダーハッキング**や，ゴミ箱に捨てられた書類などを盗む**トラッシング**などがある。トラッシングは，書類からサーバやルータなどの設定情報やネットワーク構成などから不正アクセスを行ったり，担当者や役職者などの氏名や部署の情報などからなりすましを行ったりなど，事前の情報収集として行われるケースが多いといわれている。

②違法・有害情報の氾らん

インターネットに接続することのできる環境にあれば，誰もが自由に情報を発信し，受信することができる。このことが，インターネット上に有益な情報ばかりではなく，社会に悪影響を与える違法・有害情報を氾らんさせている。

児童ポルノ画像，わいせつ画像，覚せい剤など規制薬物の販売情報などの違法情報（情報自体が違法な情報）を掲載する Web サイトや SNS が多数存在し，誰もがアクセスすることができる。

また，爆発物の製造方法や運転免許証の偽造方法，自殺を勧誘するなどの有害情報（違法ではないが，有害であると判断される情報）も氾らんしている。

このような違法・有害情報が，インターネット利用者，特に青少年に悪影響を与え，犯罪の引き金になった事件も多発している。青少年の多くが携帯電話やスマートフォンを持ち，インターネットを自由に使える状況の中で，出会い系サイトの利用などによって引き起こされる事件が社会的な問題となっている。

違法・有害情報を選別するソフトに，**フィルタリングソフト**がある。フィルタリングソフトは，有害情報と関連する URL やキーワードなどを登録しておくことによりアクセスを制限するもので，青少年向けに学校や家庭で使われている。

なりすまし

サイバーテロ

ソーシャルエンジニアリング

ショルダーハッキング
トラッシング

フィルタリングソフト

平成30年に，「青少年が安全に安心してインターネットを利用できる環境の整備等に関する法律」が改正された。これは，18歳未満の青少年が，安全にインターネットが利用できるように，携帯電話インターネット接続役務提供事業者の青少年有害情報フィルタリングサービスの提供の義務化，スマートフォンなどの契約や機種変更をするときに，販売店などがフィルタリングの設定をすることを義務づけている。また，最近では企業で業務に関係のないWebサイトの閲覧を制限するためにも使われている。

　違法・有害情報を流す手段に電子メールが使われることがある。**スパムメール**は，無断で送りつけられる広告メールや，嫌がらせやいたずらを目的として送られるメールである。不特定多数のメールアドレスに繰り返し送信される迷惑なメールで，大量に送信されるメールは，サーバにも負荷を与えることがある。

スパムメール

　チェーンメールは，内容の転送を強要したり，うながしたりするメールのことで，多くの人々の協力が必要と思わせる内容や緊急性の高い内容など，ほかの人たちに転送しなければならないように思わせるメールである。

チェーンメール

　モラル上，問題のある写真や動画などを，SNS上に投稿する不適切投稿も問題になっている。投稿に対して大量のコメントが投稿される，いわゆる炎上と呼ばれる状態になり，投稿者が特定され，本人や家族の個人情報が流出することもある。

③個人情報の流出と不正使用

　ディジタル化された個人情報がひとたびインターネット上に流出すると，その情報を消去することも，また流出させた人を特定することも困難になる。そのため，インターネットを利用する際は，自分や他人の個人情報をむやみに公開しないよう注意することが必要である。また，他人の個人情報を無断公開することは，プライバシーの権利をおかす場合がある。

④コンピュータウイルスのまん延

　コンピュータウイルスは，コンピュータシステムやソフトウェアの機能の弱点をねらって，何らかの被害を及ぼすように作られた不正なプログラムである。自己伝染機能，潜伏機能，発病機能のうち，いずれか1つ以上の機能を持っているものをコンピュータウイルスと呼ぶ。

コンピュータウイルス

　ファイルやデータを破壊したり，流出させるようなもの，コンピュータの内部に入り込んで起動

できなくさせてしまうもの，プログラムされた日に画面にメッセージを表示するものなどいろいろな種類がある。

　コンピュータウイルスは，電子メールや Web ページの利用時に侵入するものや，USB メモリなどの記録メディアを介して侵入するもの，コンピュータのぜい弱性を利用して侵入するものなどがある。

　コンピュータウイルスには，ワープロソフトやメールソフトに寄生する「ウイルス」タイプや，完全に自立して自己増殖していく「ワーム」タイプがある。またコンピュータウイルスに似たものとして，実用性や娯楽的要素を含んだプログラムにみせかけてデータを破壊する「トロイの木馬」などがある。

ワーム

トロイの木馬

　コンピュータウイルスや不正アクセスなどで作られる「コンピュータへ不正に侵入するための入口」をバックドアというが，トロイの木馬の中にはバックドアを作るものもある。

バックドア

　コンピュータウイルスに感染させ，パソコン内のファイルやデータにアクセスできないようにした上で，その復元を条件に金銭を要求するものをランサムウェアという。

ランサムウェア

　また，コンピュータに潜んで，パソコン内の情報やキーボードの入力情報，表示画面の情報などを外部に流出させるものをスパイウェアという。

スパイウェア

　このように，不正かつ有害な動作を行う意図で作成された悪意のあるソフトウェアやプログラムをマルウェアという。

マルウェア

　コンピュータウイルスなどマルウェアへの対策としては，その感染を知らせ，駆除するセキュリティソフトを，あらかじめインストールしておき，新種のウイルスに対応できるように，パターンファイルを最新の状態に保つ必要がある。また，セキュリティソフトは，自動かつリアルタイムでのスキャンを行う設定にしておく，OS やブラウザなどのソフトウェアも常にアップデートして最新の状態にしておくなどの対策も重要である。

セキュリティソフト

パターンファイル

② 健康への影響

　コンピュータを使いすぎると，身体に悪影響が出てくることがある。ディスプレイを長時間集中してみることで，眼の表面が乾いて充血するドライアイや，キーボードの打ちすぎによる指や手首などの障害（腱鞘炎など），スマートフォンの使いすぎによる首や肩などの障害（ストレートネックなど）がおこることがある。

ドライアイ

　スマートフォンや LED 照明などには，ブルーライトといわれる青い光が入っている。このブルーライトを含む明るい光を夜に浴びていると，体のほうが昼間と勘違いし，体内時計が狂い睡眠障害となる場合もある

睡眠障害

といわれている。

　コンピュータやインターネットを利用することによる人への影響は、心に対しても現れる。心への影響は**テクノストレス**と呼ばれ、近年では、特に日常生活が破綻するほどインターネットに依存した状態を**インターネット依存**やネット依存といい、なかでもコンピュータゲームやオンラインゲームに依存した状態を**インターネットゲーム障害**（Internet Gaming Disorder）やゲーム中毒という。また、過剰に SNS への投稿や閲覧などを繰り返し、依存している状態を SNS 依存という。

③ 社会への影響

　インターネット上の有用な情報に、コンピュータを操作して直接アクセスできる人と、できない人とでは、活用できる情報量に大きな差が生じることがある。このような差により生じる社会的・経済的な格差を**ディジタルデバイド**（情報格差）という。その解消のためには、誰もがインターネットにアクセスできる情報インフラ（通信路や情報機器）を整備すること、誰もがコンピュータなどの情報機器を操作する技能と、情報メディアの特徴を理解した上で、**情報リテラシー**（情報を有効に活用する能力）を身に付けることが必要である。

　また、インターネット上の情報の信ぴょう性などを判断する能力として、**メディアリテラシー**も養う必要がある。

テクノストレス

ディジタルデバイド

情報リテラシー

メディアリテラシー

→ **問題1** 情報社会の進展についての記述として，適切なものには「ア」,不適切なものには「イ」と答えなさい。

（1）企業内のネットワークである WAN（Wide Area Network）は，しだいにオフィス全体に張り巡らされる。この WAN どうしを接続した LAN（Local Area Network）が一般化し，さらに一部の研究者だけのものであったインターネットを，誰もが使えるようになった。

（2）インターネットとの接続には，ADSL や光ファイバケーブル（FTTH），ケーブルテレビ（CATV）回線などの高速で伝送するブロードバンドが利用されている。

（3）アメダス（地域気象観測システム）によって，天気予報や台風の進路予測などの気象予報が提供される。

（4）高速道路の料金所などでの自動料金収受システムである ETC は，自動車が料金所を通過するときに，ゲートとカーナビの間で交信して自動的に料金の支払い手続きを行う。

→ **問題2** 文中の □□□□ に入れるべき，最も適切な字句を解答群から選べ。

インターネットの □(1)□ により，映画などの大容量データを短時間で □(2)□ できるようになり，みたいときに好きな映画などを視聴できる □(3)□ サービスが本格化している。スマートフォンなどを利用した □(4)□ でも，動画や音楽などの □(5)□ コンテンツの購入が増えている。

（解答群）‥‥‥‥‥‥‥‥‥‥‥‥‥‥‥‥‥‥‥‥‥‥‥‥‥‥‥‥‥‥‥‥‥‥‥

（1）ア．モバイル化　　　　　　イ．ブロードバンド化
（2）ア．ダウンロード　　　　　イ．アップロード
（3）ア．オンデマンド配信　　　イ．SNS
（4）ア．ネットオークション　　イ．ネットショッピング
（5）ア．アナログ　　　　　　　イ．ディジタル

→ **問題3** スマートフォンに関する記述として，適切なものには「ア」，不適切なものに「イ」と答えなさい。

（1）スマートフォンは，人や景色を撮影し，それらを大量に保存，管理することができる。

（2）スマートフォンは，機内モードに設定すれば，航空機の中でも使用することができる。

（3）スマートフォンを利用して，銀行への振込や預金の残高照会などを行うことを，リモートバンキングという。

（4）ノート型パソコンやスマートフォンを利用して，遠隔地のコンピュータと接続して情報処理を行う形態をモバイルコンピューティングという。

（5）スマートフォンにはフィルタリングソフトが入っているので，出会い系サイトの利用などの社会的な問題はほぼ解決された。

→ 問題4 文中の _____ に入れるべき，最も適切な字句を解答群から選べ。

　　ネットワークを介して，商品やサービスを取引きする電子商取引（エレクトロニックコマース）は，新たな商取引の形態を生み出した。企業どうしの取引きを行う ___(1)___ ，企業と消費者間の取引きを行う ___(2)___ ，消費者どうしの取引きを行う ___(3)___ に分類される。

　　___(1)___ では，企業どうしが原材料の調達や製品の受発注などをネットワーク上で行い，コストを削減することができる。インターネットの ___(4)___ などで買い物をするオンラインショッピングは ___(2)___ ，インターネットを介して消費者が売りたい品物を競売にかけるネットオークションは ___(3)___ の例である。このような取引きの決済は，クレジットカード決済などの ___(5)___ で行われる。

（**解答群**）・・・

（1）～（3）　ア．CtoC　　　　　　　　イ．BtoC　　　　　　　　ウ．BtoB
（4）　ア．オークションサイト　　　　イ．ショッピングサイト
（5）　ア．キャッシュレス決済　　　　イ．IC タグ

→ 問題5　情報社会の問題点に関する記述として，適切なものには「ア」，不適切なものには「イ」と答えなさい。

（1）　情報社会においては，コンピュータを十分に利用できる人と，まったく利用できない人を比較すると，手に入れることのできる情報の量については，大きな差が生じるといわれている。

（2）　インターネット依存症では，コンピュータやスマートフォンなどで常にインターネットを利用していないと気がすまず，その結果，メールや SNS でのコミュニケーションしかできなくなるようなこともある。

（3）　日常生活に支障が出るほどコンピュータゲームやオンラインゲームに依存した状態をインターネットゲーム障害やゲーム中毒という。

（4）　インターネットの Web ページ上には有益な情報が存在している。これらの情報は，意図的に誤って発信されることもなく，すべて正しいものである。

（5）　スマートフォンは，パソコンとは異なり，セキュリティ対策がなされているので，ウイルスに感染することはない。

第5章

情報モラル

1 情報社会と情報モラル

1 情報社会の問題点

情報社会の進展は，私たちの生活にさまざまな恩恵をもたらしたが，その一方で，さまざまな問題や課題を表面化させている。

コンピュータやネットワークを悪用したサイバー犯罪や不正行為が年々増加している。他人のユーザ ID やパスワードを不正に入手し，他人になりすましてコンピュータやネットワークに不正アクセスし，金融情報や個人情報を入手して不正な取引きを行ったり，他者をだましたりする例もある。

また，インターネット上には，社会に悪影響を与える違法・有害情報が氾らんしている。他者を誹謗・中傷する，わいせつ画像を掲載する，自殺を勧誘する，などの悪質な Web サイトや SNS などが多数存在し，誰もがアクセスすることができる。このような違法・有害情報が青少年に悪影響を与え，犯罪の引き金になったりしている。

違法・有害情報を流す手段に電子メールや SNS が使われ，スパムメールのような迷惑メールが不特定多数のメールアドレスに大量に送信されたり，SNS 上で拡散されたりしている。不特定多数のメールアドレスの取得のために，個人情報が不正に入手されるケースも少なくない。

マルウェアもさまざまな種類がまん延している。ファイルやデータを破壊，流出させるようなものや，コンピュータ内部に入り込んで起動できなくさせてしまうものなど，新種や亜種のコンピュータウイルスが作られ，日々感染・増殖している。

このような情報社会の問題は，コンピュータやネットワークに関わる人々のモラル（倫理観）の欠如が原因になっており，**モラルハザード**と呼ばれている。その解決のためには，人々のモラルを醸成していく必要がある。

モラルハザード

2 　情報社会における個人

1 　インターネット上での個人の責任

　インターネットの特徴の1つに，**匿名性**がある。匿名であることを利用し，他人への誹謗や中傷，無責任なうわさの流布，特定の個人のプライバシーに関する情報の無断掲示など，悪質な行為が増えている。インターネット上でも，お互いの人権を尊重し，相手を思いやる行動をとらなければならない。

右余白: 匿名性

2 　個人情報の保護

　情報社会を快適に生きるためには，個人情報についての正しい知識を身に付けることが大切である。

　個人情報には，個人を特定する**基本四情報**（氏名，性別，住所，生年月日）と，いくつかを組み合わせると，その人自身を表す情報（電話番号，勤務先，年齢など）がある。

右余白: 個人情報
基本四情報

　本籍や思想，健康情報，犯罪歴などのような情報を，むやみに公開すると，プライバシーを侵害する。ここでのプライバシーとは，他人の干渉を許さない，各個人の私生活上の自由を指す。

　ディジタル化された個人情報はひとたびインターネット上に流出すると，その情報を消去することも，また流出させた人を特定することも困難になる。流出した個人情報は，意図しない使われ方をされたり，架空請求などに悪用されたりすることがある。このような状況の下でのプライバシーの権利は，自己に関する情報の流れをコントロールする個人の権利として理解され，個人情報の保護が重要になる。

　個人情報の流出を防ぎ，個人情報を保護するために，個人情報の保護に関する法律（**個人情報保護法**）が制定された。適切な目的で収集した個人情報をそれ以外の目的に使用しないこと，本人の同意なしの第三者への個人情報の受け渡しを禁じることなどが規定されている。

右余白: 個人情報保護法

　個人情報は，その取扱いについて，JIPDEC が，運営する個人情報保護の体制や運用の状況が適切である事業者に**プライバシーマーク**を付与するプライバシーマーク制度がある。

右余白:
10123456(01)
プライバシーマーク
JIPDEC：一般財団法人日本
情報経済社会推進協会

3 　知的財産権と著作権

1 　知的財産権

　知的財産権とは，知的な創作活動から生産されたものを他人が無断で使用して利益を得たりすることができないように，創作した人に与えられる権利である。知的財産権には，産業財産権（**工業所有権**ともいう）や著作権などがある。大量のコピーや配布が可能なディジタル情報社会では，特に重要な権利となっている。

右余白: 知的財産権
工業所有権

　産業財産権は，産業に関する新しい技術や工夫，デザイン，商標につ

右余白: 産業財産権

いて開発した人に与えられる権利であり，特許権，実用新案権，意匠権，商標権などがある。これらの権利は，特許庁に出願して認められた時点で得ることができる。

2 著作権

　著作権は，小説や音楽，美術などの文化の発展にかかわる知的財産を保護するもので，届出の必要がなく，創作された時点で権利が発生する。

　著作権法には著作権のほかに，歌手などの実演家や放送事業者など，伝達者の権利である**著作隣接権**も規定されている。

著作権

著作隣接権

3 著作物の利用

　著作物の自由な利用は，著作権を持った人だけに許されている。他人の著作物を利用する場合には，著作権者の許可を得なければならない。

　一方，ディジタル化された著作物は容易に複製することができ，加工や改変も容易にできる。また，劣化せず，そのままの状態を保つことができる。したがって，他人の著作物を利用する際には著作権に対する配慮が必要である。また，人物が写った写真などの掲載にあたっては，**肖像権**についても注意が必要である。

　また，著作物を不正に利用されないように**電子透かし**の技術が使われるようになった。電子透かしとは，画像や音楽などのディジタルコンテンツに埋め込まれた不正利用を検出するための情報のことである。

肖像権

2 ネットワークの利用時の注意点

1 ネットワークの利用とセキュリティ

1 セキュリティとは

　ネットワーク上では，悪意を持ったものにコンピュータに不正侵入され，データが改ざん，破壊されるような被害を受ける可能性がある。このような不正行為からコンピュータやネットワークを守ることを，**セキュリティ**と呼んでいる。

セキュリティ

2 ネットワーク利用時の認証

　ネットワークを安全で信用できるものにするためには，利用者を認証する仕組みが必要である。**認証**とは，利用者がネットワークにアクセスしたとき，登録された正規の利用者であるかどうかを確認し，正しければ**アクセス権**を与えることをいう。通常はユーザ ID とパスワードを用いて，認証を行う。

　ユーザ ID は，ネットワークの利用者を識別するための番号や文字列で，パスワードとセットで本人確認を行う。

認証

アクセス権

ユーザ ID

パスワードは，本人だけが知っている暗証番号や暗証文字列である。ユーザIDと比べると，機密性が要求され，生年月日や電話番号，英単語など推測しやすい文字列の使用は避け，また大文字，小文字，数字，記号を組み合わせた長い文字列にする必要がある。また，人に知られないようにするために，紙に書きとめない，コンピュータに保存しない，流出したと思われる場合にはすぐに変更することも重要である。

パスワード

③ セキュリティ対策

　不正行為により，コンピュータやネットワークが被害を受けないようにするための対策を**セキュリティ対策**といい，次のようなものがある。

セキュリティ対策

①アクセス制御 ·····

アクセス制御

　アクセス権の設定によって行う。コンピュータの管理者はすべての情報にアクセスできるが，一般のユーザにはアクセスできる情報が限定されるようにする。

②セキュリティソフト ·····

　コンピュータウイルスなどのマルウェアの検出や駆除を行う。新種のウイルスに対応できるように，パターンファイルを最新の状態に保つ必要がある。

③ファイアウォール ·····

ファイアウォール

　防火壁という意味で，インターネットなど外部のネットワークと，内部のネットワークとを分けて，外部からの不正アクセスを受けないようにする。

④暗号化 ·····

　ネットワークに送るデータを一定のルールで加工して，簡単に読めないようにすることを**暗号化**という。もとのデータを読むためには復号する必要があるが，暗号化と復号には鍵が必要となる。

暗号化

2　インターネットを利用する際のルールやマナー

① ルールやマナーの必要性

　現在，インターネットはさまざまな人々により利用されているが，その開発の初期には，一部の研究者だけが利用していたため，使用指針もなく，善意ある利用者の自己責任で運用されていた。しかし，利用が研究者以外にも広く開放され，利用者が増大するにつれ，多くのトラブルが発生するようになった。

　その原因には，ハードウェアやソフトウェアなどの技術的要因だけでなく，利用者の情報モラルに起因するものが多く見受けられた。このような情報モラルにかかわる原因を放置しておくと，ネットワークそのものが信頼できなくなり，健全な発展が阻害される恐れがあった。

　そこでネットワークを有効に，信頼性の高いものとして利用するため

に，さまざまなルールやマナーを守る必要がある。また，このようなネットワーク上でのルールやマナーを，ネットワーク上のエチケットとしてネチケットと呼ぶこともある。

② さまざまなルールやマナー

ネットワーク上では，電子メールや SNS などのコミュニケーションや，Web サイトでの情報発信などが行われている。このようなコミュニケーションでは，さまざまな人が，いろいろなコンピュータ環境でネットワークを利用していることに配慮し，相手を思いやる気持ちを大切にして，誹謗や中傷，差別的な発言をしない，秩序やマナーに反しないなどの，日常生活と同様のルールやマナーが必要である。これに加えて，次のような点に注意する必要がある。

①スマートフォン利用のルールやマナー

① 歩行中は，スマートフォンを使用しない。

② 自動車や自転車などの運転中は，スマートフォンを使用しない。

③ 電車内ではマナーモードに設定し，通話はしない。

④ 電子機器が誤作動を起こす可能性があるので飛行機内では電源を切るか，機内モードに設定する。

⑤ 人を撮影するときは，相手の了承を得る。

②電子メールでのルールやマナー

① 簡潔でわかりやすいメールを書き，よく読み直してから送る。

② 大きな記憶容量のファイルを添付しない。送ることが必要ならば，圧縮・分割する。

③ 半角カタカナや機種依存文字は，文字化けする可能性があるので，使用しない。

④ チェーンメールを送らない。

なお，業者などから送信される広告メールなどについて，業者は事前に受信者の許可を取る必要がある。これを**オプトイン**という。これまでは，受信者から受け取りたくないという意思表示を受けてから送信を停止する，**オプトアウト**という方式だったが，法律が変更されたことで変わった。

③SNS でのルールやマナー

① 自分や他人の個人情報を投稿しない。

② 写真や動画を投稿する際は，一緒に写っている人にその容貌や場所，物などが写り込んでいてもよいか，確認する。

③ 友達申請や ID 交換は相手の許可を得る。

④ モラルに反する内容を投稿しない。

⑤ 誹謗中傷など人に不快感を与える内容を投稿しない。

⑥　タグ付けやハッシュタグはよく考えて行う。

⑦　むやみに拡散させない。

④ Web ページ作成のルールやマナー　……………………………………………………

① 　人に不快感や悪影響を与えない。

② 　著作権や肖像権などを侵害しない。

③ 　自分や他人の個人情報を掲載しない。

④ 　違法な Web サイトにリンクしない。

⑤ 　半角カタカナや機種依存文字は，文字化けする可能性があるので，
　使用しない。

⑤電子掲示板でのルールやマナー　……………………………………………………

① 　掲示板の運用方針や書き込む際の注意事項をよく読む。

② 　無意味な内容や，何度も同じことを書き込まない。

③ 　自分や他人の個人情報を書き込まない。

章末問題

→ **問題1** 文中の［　　］に入れるべき，最も適切な字句を解答群から選べ。

コンピュータやネットワークを悪用した（1）犯罪や不正行為が年々増加している。他人のユーザ ID や（2）を不正に入手し，他人になりすましてコンピュータやネットワークに（3）し，金融情報や個人情報を入手して不正な取引を行ったり，他者をだましたりする例がある。

また，インターネット上には，社会に悪影響を与える違法・有害情報が氾らんしている。他者を誹謗・中傷する，わいせつ画像を掲載する，自殺を勧誘するなどの悪質な Web サイトや（4）などが多数存在し，誰もがアクセスすることができる。このような違法・有害情報が青少年に悪影響を与え，犯罪の引き金になったりしている。

スマートフォンや家庭用ゲーム機から利用できる SNS では，年齢や性別，居住地などを問わずにいろいろな人たちとつながることができるが，悪意をもってグループに入ってくる人もいる。巧妙な手口で（5）を聞き出し，ストーカーなどに発展することも考えられる。

（解答群）‥‥‥‥‥‥‥‥‥‥‥‥‥‥‥‥‥‥‥‥‥‥‥‥‥‥‥‥‥‥‥‥‥‥‥‥‥‥‥

（1）　ア．サイバー　　　　イ．著作権
（2）　ア．バーコード　　　イ．パスワード
（3）　ア．不正介入　　　　イ．不正アクセス
（4）　ア．電子メール　　　イ．SNS
（5）　ア．個人情報　　　　イ．金融情報

→ **問題2** 文中の［　　］に入れるべき，最も適切な字句を解答群から選べ。

本籍や思想，健康情報，犯罪歴などのような情報は，むやみに公開されると，（1）を侵害する。ディジタル化された個人情報はひとたびインターネット上に流出すると，その情報を消去することも，また流出させたものを特定することも困難になる。流出した個人情報は，（2）使われ方をされたり，（3）などに悪用されたりすることがある。このような状況の下での（1）の権利は，自己に関する情報の流れをコントロールする個人の権利として理解され，個人情報の保護が重要になる。

個人情報の漏えいを防ぎ，個人情報を保護するために，（4）が制定され，適切な目的で収集した個人情報をそれ以外の目的に利用しない，本人の同意なしに第三者に個人情報の受け渡しを禁じることなどが規定されている。個人情報については，その取扱いについて，適切な保護処置を行っている事業者に与えられる（5）が制定されている。

（解答群）‥‥‥‥‥‥‥‥‥‥‥‥‥‥‥‥‥‥‥‥‥‥‥‥‥‥‥‥‥‥‥‥‥‥‥‥‥‥‥

（1）　ア．パブリシティー　　イ．プライバシー
（2）　ア．意図した　　　　　イ．意図しない
（3）　ア．架空請求　　　　　イ．料金請求
（4）　ア．個人情報保護法　　イ．情報公開法

（5）　ア．エコマーク　　　　　　イ．プライバシーマーク

問題3　電子メールの特徴についての記述として，適切なものには「ア」，不適切なものには「イ」と答えなさい。

（1）　一般的な郵便とくらべて，電子メールは相手のメールサーバへ短時間で送ることができる。

（2）　電子メールは，文字だけでなく，写真や画像，音声，プログラムなどのファイルを添付して送ることができる。

（3）　電子メールは，送信の途中で他人に読まれることは絶対にないので，安心して利用できる。

（4）　電子メールは，受け取った電子メールの文章を利用して返信メールや転送メールを作成することができる。

（5）　電子メールはネットワークを介して送られるが，宛先を少し間違えても，最も似た宛先を自動的に探して送ってくれる。

（6）　電子メールは通信料金がかからない。そのため，プライベートなものを学校や職場から送っても，誰にも迷惑がかからず問題はない。

問題4　SNS に関する記述として，適切なものには「ア」，不適切なものには「イ」と答えなさい。

（1）　SNS は顔見知りの友人・知人とのコミュニケーションにも，会ったことのない「SNS上の知り合い」とのコミュニケーションにも使うことができる。後者の場合，たとえば，自分と共通の趣味を持つ人とつながり，SNS 上で情報共有できるといったメリットがある。

（2）　「ある通信販売会社が倒産するらしい」とのうわさを聞いたので，被害が広がらないように，聞いた内容を SNS に投稿した。

（3）　家で子犬が生まれたので，貰ってもらえる人を探すため，子犬の特徴とメールアドレス，電話番号を友だちだけの SNS に投稿した。

（4）　外食するたび，自分が食べ歩いた店の値段や味の評価を，訪問日時と合わせて SNS に投稿している。

（5）　ある俳優がテレビ番組に出演するという情報を，その俳優が好きな人たちとの SNS に投稿した。

第1章

問題　1

解答 （1）ア　（2）ア　（3）イ　（4）ア　（5）イ　（6）イ　（7）イ

解説 情報の収集や問題解決に関する問題である。問題解決のためのいろいろな手法を正しく理解しておくことが大切である。

（1）…アンケート調査を行う場合，設問や回答の作り方が重要になる。回答率を上げるために選択式の回答欄を用意しておくのは有効である。回収後の集計がやりやすいという利点もある。

（2）…インタビューで聞き取りたい内容にもよるが，あらかじめ質問内容を知らせておき事前に回答を準備してもらう，考えをまとめておいてもらう，というのは有効な方法といえる。

（3）…グループのメンバーが自由に意見を出し合い，多様な考え方をもとにアイディアをまとめていく手法をブレーンストーミングという。どのような意見が出ても受け入れていくというのが基本的なスタイルである。

（4）…ブレーンストーミングは，より多くの意見を出すことに重点をおいている。他者のアイディアに自分の意見を結合させてもかまわない。

（5）…他者の意見を批判することは多様なアイディア抽出を制限することにつながるため，望ましくない。

（6）（7）…バズセッションとは，少人数のグループが同一のテーマで討議を行い，その後，各グループの見解を集めて全体で討議する手法である。

問題　2

解答 （1）イ　（2）ウ　（3）イ　（4）エ　（5）ウ　（6）イ　（7）エ

解説 情報の補助単位と記憶容量に関する問題である。補助単位の名称は千倍の単位で変わるので，単位の名前と並びをきちんと覚えておく必要がある。

（1）（2）…記憶容量の補助単位は右のとおりである。

補助単位	大きさ
k（キロ）	10^3
M（メガ）	10^6
G（ギガ）	10^9
T（テラ）	10^{12}
P（ペタ）	10^{15}

（3）（4）（5）…処理速度の補助単位は右のとおりである。

補助単位	大きさ
m（ミリ）	10^{-3}
μ（マイクロ）	10^{-6}
n（ナノ）	10^{-9}
P（ピコ）	10^{-12}

（6）…1 ページ 4000 バイトで 500 ページの文書を記録するためには，4000×500＝2000000 バイト＝2 MB の記憶容量が必要である。したがって，この文書を記録するのに必要な媒体は CD-R である。

（7）…1 枚 4 MB の写真を 1500 枚記録するためには，4×1500＝6000 MB＝6 GB の記憶容量が必要である。したがって，この写真を記録するのに必要な媒体は DVD-R DL（片面 2 層）である。

問題 3

解答 （1）エ （2）ア （3）オ （4）ウ （5）ク （6）ア （7）エ

解説 コンピュータの構成と基本機能に関する問題である。コンピュータを構成する五大装置の名称と役割，具体的な装置の名称について正しく理解しておく必要がある。

（1）…命令語を解読して，効率的にプログラムを実行できるよう各装置をコントロールするのは制御装置である。

（2）…プログラムの指示により，四則演算・論理演算・比較演算などの各種演算を行うのは演算装置である。

（3）…制御装置と演算装置を合わせて中央処理装置（CPU：Central Processing Unit）といい，コンピュータ本体内部に組み込まれている。

（4）…入力装置から読み込まれたデータやプログラムは，コンピュータ内部の主記憶装置に転送され，CPU と直接やりとりを行う。

（5）…主記憶装置の情報は一部の領域を除き電源を切ると内容が消失する。電源を切っても内容が保持される装置は補助記憶装置であり，主記憶装置に比べて大容量の記憶領域を持つ。

（6）…入力装置の代表的なものとして，イメージスキャナ，キーボード，マウスがある。

（7）…出力装置は処理した結果を文字・音声・画像などの形で出力する装置であり，代表的なものにプリンタやディスプレイがある。

問題 4

解答 （1）ウ （2）ア （3）ア （4）イ （5）オ （6）イ （7）ウ

解説 ファイル管理に関する問題である。ファイルとフォルダの関係，絶対パス，相対パスの意味や表記方法を正しく理解しておく必要がある。

（1）…②のファイルはカレントフォルダ F4 の中にあるので，ファイル名だけを指定すればよい。

（2）…③のファイルは一つ上位（親フォルダ）に戻ればよいので「..」を指定すればよい。

（3）…④のファイルは二つ上位（親フォルダの親フォルダ）に戻ってからフォルダをたどればよいので，「..」を二つ指定する必要がある。

（4）…④のファイルを絶対パスで表す場合は，ルートフォルダ / に続けて F2 フォルダを指定すればよい。

（5）…文字だけで作成したファイルはテキストファイルである。拡張子は txt となる。

（6）…写真などの画像ファイルを圧縮したファイル形式は jpg である。

（7）…音声情報を圧縮したファイル形式は mp3 である。

第2章

問題　1

解答 （1）イ　（2）ク　（3）ア　（4）エ　（5）キ　（6）ウ

解説

（1）…インターネットで利用されている標準プロトコルは，TCP/IP である。

（2）…Web ページを閲覧するためには，Web ブラウザ（ブラウザ）を使用する。

（3）…インターネット接続サービス事業者は ISP（インターネットサービスプロバイダ）である。

（4）…IP アドレスを取得しなければ，TCP/IP を利用しているインターネットには接続することができない。現在 IPv4 で 32 ビットの番号が使われている。

（5）…IP アドレスは数値列であるので人間には理解しにくい。そのためドメイン名が利用されている。ドメイン名と IP アドレスの相互変換は DNS サーバが行っている。

（6）…Web ページの多くは，タグを組み合わせた HTML 言語を利用して作成されている。

問題　2

解答 （1）ア　（2）イ　（3）エ　（4）オ　（5）カ　（6）ク

解説

（1）…インターネットにアナログ回線でダイアルアップ接続するためには，モデムが必要である。

（2）…インターネットに ISDN 回線で接続するには，DSU と TA（ターミナルアダプタ）が必要である。現在の TA は DSU を内蔵しているものがほとんどである。

（3）…アナログ回線でブロードバンド接続するには，ADSL を利用して接続することになる。そのためスプリッタと ADSL モデムが必要となる。

（4）…ケーブルテレビ回線を利用してインターネットに接続するためには，スプリッタとコンピュータ側には CATV モデムが必要である。

（5）…FTTH でインターネットに接続するには，メディアコンバータが必要である。

（6）…ブロードバンドの 1 つの回線を複数のコンピュータで利用するためには，ブロードバンドルータが必要である。

問題　3

解答 （1）ク　（2）イ　（3）オ　（4）カ　（5）キ

解説

（1）…インターネット上ではいろいろな文字コードが使用されている。このコードが一致しないと文字が記号の羅列のように表示される。これを文字化けという。

（2）…Web ページを閲覧する時には，Web ページのアドレスである URL を指定する。URL は，プロトコル名＋ホスト名＋ドメイン名＋ディレクトリ名＋ファイル名（パス名）で構成されている。

（3）…検索サイトには情報の収集の仕方により，ディレクトリ型とロボット型に分かれる。人手で情報を収集するのはディレクトリ型である。

（4）…専用プログラム（ロボット）で情報を収集するのはロボット型である。

（5）…検索方法にはキーワード検索とカテゴリー検索などがある。分類（カテゴリー）を利用するのはカテゴリー検索である。

問題　4

（1）イ　（2）ア　（3）オ　（4）エ　（5）キ

解説

（1）…やり取りを行っていることや参考までにと電子メールを送る場合には，宛先を CC の欄に記述する。

（2）…CC では，メールが送信されたすべての人にアドレスが公開されてしまう。そのため，非公開にしたい場合には BCC を利用する。

（3）…電子メールの送信には，SMTP というプロトコルが使用される。

（4）…電子メールを受信するときには，POP または IMAP というプロトコルが使用される。POP では，すべてのメールを受信してしまう。IMAP では，メールはサーバで管理される。

（5）…メールを受信するときには，受信者が本人であるかを確認するために，ユーザ ID とパスワードなどを利用してユーザ認証が行われる。踏み台にされないために，送信時にもユーザ認証が行われるようになっている。

第3章

問題　1

（1）カ　（2）エ　（3）キ　（4）コ　（5）ケ　（6）ク　（7）イ

解説

（1）…ある文字を一括で別の文字に変換するのは，置換処理である。

（2）…指定された範囲に，文字列を均等に配置することを均等割付けといい，文字数が異なるものを揃えるときなどに利用する。

（3）…行の先頭や行末に来てはいけない文字を自動的に行末や先頭に移動させることを，禁則処理という。

（4）…文字を大きくするのは，ポイントのサイズを大きくすればよい。

（5）…ふりがなを付けることを，ルビという。

（6）…1 枚の用紙を中央で 2 分割して印刷することを，袋とじ印刷という。

（7）…書体を変更するのは，フォントを変える。

問題　2

（1）イ　（2）ア　（3）ウ　（4）カ　（5）オ　（6）エ

解説　各アプリケーションソフトの説明である。

（1）…マス目に数式を入れて計算結果を求めたり，グラフを作成するのは，表計算ソフトである。

（2）…文書を作成するソフトウェアは，ワープロソフトである。

（3）…大量のデータを加工したり，管理したり運用するソフトウェアはデータベースソフトである。

（4）…Web ページを表示するソフトウェアは，Web ブラウザである。

（5）…スライド形式で発表会や会議で使用するソフトウェアは，プレゼンテーションソフトである。

（6）…図形を描いたり，写真を加工するソフトウェアは，画像編集ソフトである。

第4章

問題 1

解答 （1）イ （2）ア （3）イ （4）イ

解説

（1）…企業内のネットワークは LAN であり，LAN どうしをつないだネットワークが WAN である。

（2）…インターネットとの接続には，FTTH，CATV，ADSL などのブロードバンドが，現在多く利用されている。

（3）…アメダス（AMeDAS）とは Automated Meteorological Data Acquisition System の略で，降水量などの観測を自動的に行うものであり，天気の予測には使えない。

（4）…ETC を利用する場合には，ゲートと ETC 車載器間で交信を行う。

問題 2

解答 （1）イ （2）ア （3）ア （4）イ （5）イ

解説

（1）…大容量のデータを短時間で送れるようになったのは，インターネットのブロードバンド化によるものである。

（2）…映像などを見る場合には，ユーザ側にデータがダウンロードされる。

（3）…映像を配信しているのは，オンデマンド配信サービスであるビデオオンデマンド（VOD）である。

（4）…映像や音楽を購入できるのは，ネットショッピングである。

（5）…スマートフォンなどで再生できる映像や音楽は，ディジタル化されたものである。

問題 3

解答 （1）ア （2）ア （3）イ （4）ア （5）イ

解説

（1）…スマートフォンには，16 GB～128 GB のフラッシュメモリが内蔵されているので，写真などを大量に保存しておくことができる。

（2）…スマートフォンを機内モードに設定するとデータ通信，Wi-Fi，Bluetooth，GPS などの全通信を遮断する。他の機器に影響する電波の送受信を行わないため，航空機の機内でも使用することができる。

（3）…スマートフォンやパソコンを利用して，銀行への振り込みなどを行うことをインターネットバンキングという。

（4）…遠隔地のコンピュータを接続して，情報処理を行う形態をモバイルコンピューティングという。

（5）…フィルタリングソフトは，有害サイトなどの Web サイトを閲覧不可にすることはできるが，これだけでは，出会い系サイトの利用など社会的な問題は解決されない。

 問題　4

解答 （1）ウ　（2）イ　（3）ア　（4）イ　（5）ア
解説

（1）…企業どうしの取引は，BtoB である。

（2）…企業と消費者間の取引は，BtoC である。

（3）…消費者どうしの取引は，CtoC である。

（4）…インターネットでは，ショッピングサイトを利用しショッピングを行う。オンラインショッピングは，企業と消費者の取引である。

（5）…クレジットカード決済は，キャッシュレス決済である。

 問題　5

解答 （1）ア　（2）ア　（3）ア　（4）イ　（5）イ
解説

（1）…手に入れられる情報量は，コンピュータを利用する能力の差により大きく差が出る。

（2）…インターネット依存症は，インターネットを利用していないと落ち着かないなど，日常生活にも影響する状態である。

（3）…日常生活に影響が出るほどゲームに依存している状態は，ゲーム中毒である。

（4）…インターネット上の情報は，全て正しいものではない。そのため，信ぴょう性を判断することが重要である。

（5）…スマートフォンであっても，ウイルスに感染する危険性はある。セキュリティソフトをインストールした上で，定期的にウイルスチェックを行う必要がある。

第5章

 問題　1

解答 （1）ア　（2）イ　（3）イ　（4）イ　（5）ア
解説

（1）…コンピュータやネットワークを利用した犯罪を，サイバー犯罪という。

（2）…ネットワークを利用する場合には，一般的にユーザ ID とパスワードが必要である。

（3）…他人になりすまして，コンピュータやネットワークに侵入することを不正アクセスという。

（4）…有害情報は Web サイトや SNS などで，多数存在している。

（5）…SNS は，いろいろな人とつながることができるが，年齢や性別，居住地などの個人情報を巧妙な手口で聞き出し，ストーカーなどに発展することも考えられる。

問題　2

解答　（1）イ　（2）イ　（3）ア　（4）ア　（5）イ

解説

（1)…本籍や思想，健康情報などをむやみに公開されることは，プライバシーの侵害となる。

（2)…流出した個人情報は，本人が意図しない使われ方をすることが多い。

（3)…本人が意図しない個人情報の利用として，架空請求もその1つである。

（4)…個人情報を保護するものとしては，個人情報保護法がある。

（5)…個人情報の取扱いについて，適切な保護処置を行っている事業者に与えられるプライバシーマークが制定されている。

問題　3

解答　（1）ア　（2）ア　（3）イ　（4）ア　（5）イ　（6）イ

解説

（1)…電子メールは，トラブルがなければ相手のメールサーバにすぐ送信される。

（2)…電子メールには，写真などを添付することができるが，送信できない拡張子のファイルもあるので注意が必要である。

（3)…電子メールは送信の途中で，盗み見られることがある。

（4)…受け取ったメールを利用して，返信メールを作成することができるが，送信者の著作物であることに注意が必要である。

（5)…電子メールは，宛先を少しでも間違えたら届かない。

（6)…学校や職場内での私的な利用は避けなければならないので，この記述は不適切である。

問題　4

解答　（1）ア　（2）イ　（3）イ　（4）イ　（5）ア

解説

（1)…SNSのメリットの1つは，共通の趣味を持つ人たちを見つけて，情報共有できることである。

（2)…うわさの投稿は慎むべきである。

（3)…SNSから個人を特定されることがあるので，投稿する内容や頻度には注意が必要であり，個人情報でもある電話番号は友達だけのSNSであっても，投稿はしない方がよい。

（4)…外食したお店の場所や訪問日時から，普段自分が行ったり過ごしたりしている場所や自宅などが特定されることも考えられる。

（5)…（1）のように，好きな俳優が同じ人たちとのSNSで情報を共有するといった使い方をすることができる。

索 引

●英字

3D プリンタ･･････････24
4K･･････････23
8K･･････････23
ADSL･･････････45
Android･･････････31
AND 条件･･････････15
AR･･････････83
ARPANET･･････････43
ATA･･････････29
ATAPI･･････････29
ATM･･････････81
A 判･･････････72
BCC･･････････59
BD･･････････25
Bluetooth･･････････28
bps･･････････13
B/s･･････････13
BtoB･･････････84
BtoC･･････････84
B 判･･････････72
CAD ソフト･･････････76
CATV･･････････44
CC･･････････59
CCD･･････････22
CD･･････････25
CGI･･････････57
CIS･･････････22
CMOS･･････････22
CMY･･････････24
Cookie･･････････57
CPU･･････････18
CRT･･････････23
CtoC･･････････84
CUI･･････････31,33
DHCP･･････････51
DHCP サーバ･･････････54
DisplayPort コネクタ･･････････28
DNS･･････････51
DNS サーバ･･････････53
dpi･･････････13
DSU･･････････46
DTM ソフト･･････････77
DTP ソフト･･････････77
DVD･･････････25
DVI コネクタ･･････････28
e-ラーニング･･････････86
ETC･･････････81
FA･･････････79
FAX･･････････70
FTP サーバ･･････････51,57
FTP サーバ･･････････53
FTTH･･････････44
Full HD･･････････23
FWA･･････････45
GIS･･････････81
GP-IB･･････････29
GPS･･････････81
GUI･･････････32,33
HD･･････････25
HDD･･････････25,26
HDMI コネクタ･･････････29
HTML･･････････36,54,55
HTML 形式･･････････66
HTML メール･･････････60

HTTP･･････････51,54
HTTPS･･････････51
HUB･･････････48
Hz･･････････13
IDE･･････････29
IEEE1394･･････････27
IMAP･･････････51
iOS･･････････31
IoT･･････････83
IP･･････････51
IPv4･･････････52
IPv6･･････････52
IP-VPN･･････････46
IP アドレス･･････････49
IP 電話･･････････80
IP マスカレード･･････････49
IrDA･･････････28
ISP･･････････43
JAN･･････････22
JavaScript･･････････57
JIS･･････････11
JIS X8341･･････････55
JPNIC･･････････52
LAN･･････････46,80
LAN コネクタ･･････････28
LED･･････････21
Linux･･････････31
macOS･･････････31
MAC アドレス･･････････50
MIME･･････････51
Mosic･･････････43
MO ディスク･･････････26
MS-DOS･･････････31
NAPT･･････････49
NAT･･････････49
NFC･･････････29
NIC･･････････48,52
NOT 条件･･････････15
NS チャート･･････････17
NTP･･････････51
OA･･････････79
OCR･･････････23
OMR･･････････23
OR 条件･･････････15
OS･･････････30
PAD･･････････17
PC カード･･････････28
PDF･･････････66
POP･･････････51
POP サーバ･･････････53
POS･･････････22,85
proxy サーバ･･････････54
PS/2･･････････28
QR コード･･････････22
RAID･･････････47
RGB･･････････23
rpm･･････････13
SATA･･････････25,29
SCSI･･････････29
SGML･･････････36
SMS･･････････87
SMTP･･････････51
SMTP サーバ･･････････53
SNS･･････････58,98
SOHO･･････････85
SSD･･････････26
SSID･･････････50
SSL･･････････51

SVGA･･････････23
TA･･････････46
TB･･････････25
TCP･･････････51
TCP/IP･･････････43
TLS･･････････51
UNIX･･････････31,43
URL･･････････55
USB･･････････26,27
UXGA･･････････23
VGA･･････････23
VGA コネクタ･･････････28
VOD･･････････83
VR･･････････83
W3C･･････････55
WAN･･････････46,80
Web カメラ･･････････22
Web サイト･･････････54
Web ブラウザ･･････････55,76
Web ページ･･････････54
Web メール･･････････61
WEP･･････････50
WEP キー･･････････50
Wi-Fi･･････････50
Windows･･････････30
WLL･･････････45
WPA･･････････50
WWW･･････････43
WWW サーバ･･････････53
WXGA･･････････23
XGA･･････････23
XML･･････････36

●和文

【あ】

アイコン･･････････32
アクセシビリティ･･････････33
アクセス権･･････････96
アクセス制御･･････････97
アクセスポイント･･････････46
アセンブラ言語･･････････36
アッパーライン･･････････67
アップロード･･････････57
宛先･･････････59
アプリケーションソフトウェア･･････････30
網掛け･･････････67
アルゴリズム･･････････17
アンケート調査･･････････17
暗号化･･････････59,97
アンダーライン･･････････67
意匠権･･････････96
イメージスキャナ･･････････22
インクジェットプリンタ･･････････24
印刷･･････････70
印刷機能･･････････65
印刷枚数･･････････65
インストール･･････････30
インターネットオークション･･････････82
インターネットバンキング･･････････82
インタフェース･･････････27
インタプリタ言語･･････････36
インデント･･････････66
ウェアラブルコンピュータ･･････････83
上付き 1/4･･････････67
遠隔医療･･････････86
演算装置･･････････18
オーサリングソフト･･････････77

オフィスオートメーション………79
オペレーティングシステム………30
オンデマンド配信サービス………83
オンラインショッピング………82

【か】

回転………67
拡大・縮小印刷………65
拡張子………35
影文字………67
カスケード接続………48
画素………13
画像編集ソフト………76
カット＆ペースト………66
カテゴリ………48
カテゴリー検索………56
カーナビゲーション………81
カーニング………74
加法混色方式………23
カレントディレクトリ………34
記憶装置………18
機械語………36
気象予報システム………81
基本ソフトウェア………30
基本四情報………95
キーボード………20
脚注………74
キャッシュメモリ………19
キャッシュレス決済………82,84
ギャランティ方式………46
行数………70
キーワード検索………56
銀行窓口システム………81
禁則処理………69
均等割付け………68
組文字………65,67
クライアント………47
クラッカー………87
クラッキング………47
クロック周波数………13,20
グローバルIPアドレス………49
罫線………69
携帯電話………80
ゲートウェイ………54
検索………65,74
検索エンジン………56
検索サイト………56
減法混色方式………24
件名………60
光学式マーク読み取り装置………23
光学式文字読み取り装置………23
工業所有権………95
高水準言語………36
個人情報………95
個人情報保護法………95
五大装置………18
コピー＆ペースト………66
コワーキング………85
コンパイラ言語………36
コンピュータウイルス………89
コンピュータシステム………80

【さ】

在宅学習………86
在宅勤務………85
サイバーテロ………88
サイバー犯罪………87
座席予約システム………81

サーチエンジン………14
サーバ………47
産業財産権………95
システム………80
下付き1/4………67
実用新案権………96
自動バックアップ機能………66
シミュレーション………17
ジャスティフィケーション………74
斜体………67
周辺装置………18
主記憶装置………18
出力装置………18
肖像権………96
商標権………96
情報検索………14
情報リテラシー………91
ショルダーハッキング………88
シリアル転送方式………27
白抜き………67
シングルタスク………31
睡眠障害………90
スクリプト言語………36
スクロールバー………32
スクロールボタン………32
スタイル………65
スタンドアローン………80
ストリーミングサーバ………54
スパイウェア………90
スパムメール………89
スプリッタ………44
スペルチェック………65,74
スマートフォン………80,82,98
スマホ決済………84
制御装置………18
セキュリティ………96
セキュリティソフト………90,97
セキュリティ対策………97
ソーシャルエンジニアリング………88

【た】

ダウンロード………57
多機能プリンタ………24
タッチタイピング………20
タッチパッド………21
タッチパネル………21
縦書き………72
縦・横印刷………65
タブ………66
タブレット型パソコン………17
段組………70
チェーンメール………89
置換………65,74
知的財産権………95
チャット………58
中央揃え………67
著作権………96
著作隣接権………96
ツイストペアケーブル………48
ツールバー………32
ディジタルカメラ………22
ディジタルデバイド………91
低水準言語………36
ディスプレイ………23
ディレクトリ………34
ディレクトリ型………56
テキスト形式………66
テクノストレス………91

テザリング………44
デスクトップ型パソコン………17
データベース………14
データベース検索………14
データベースソフト………76
テレビ会議………86
テレワーク………85
電子商取引………84
電子マネー………84
電子メール………98
電子メールソフト………76
動画編集ソフト………77
匿名性………95
特許権………96
ドット………13
ドライアイ………90
ドライブ………34
トラックバック………58
トラックボール………21
トラッシング………88
取消しライン………67
トロイの木馬………90
ドロップキャップ………65,67

【な】

流れ図………17
なりすまし………88
日本語ワープロソフト………65
入力機能………65
入力装置………18
認証………96
ネット犯罪………87
ノート型パソコン………17

【は】

ハイテク犯罪………87
バイト………12
バーコード………22,85
バーコードリーダ………22
バス………19
バズセッション………17
パスワード………47,66,75,97
パターンファイル………90
バックアップ………47,74
バックドア………90
ハードディスク………25
パラレル転送方式………27
パンくずリスト………33
反転………67
光ファイバケーブル………49
ピクセル………13
左寄せ………67
ビット………12
表計算ソフト………76
ファイアウォール………54,97
ファイル………34
ファイル名………35
ファクトリーオートメーション………79
フィッシング………87
フィルタリング………50
フィルタリングソフト………88
封筒………65
フォーマット………34
フォルダ………34
フォント………65,68
袋とじ印刷………65,73
不正アクセス………87
ブックマーク………56,74

フッタ……………………………70
太字……………………………67
プライバシーマーク……………95
プライベート IP アドレス………49
プラグアンドプレイ……………27
プラグイン………………………56
フラッシュメモリ………………26
プリンタ…………………………23
プレゼンテーションソフト………76
ブレーンストーミング…………17
ブログ……………………………58
フローチャート…………………17
フロッピーディスク……………26
ブロードバンド…………………80
文章校正…………………………65
文書作成支援ツール……………74
文書保存機能……………………65
文法チェック………………65,74
ページ番号………………………65
ページ余白………………………65
ベストエフォート方式…………46
ヘッダ……………………………70
編集機能…………………………65
ポイント…………………………68
傍点………………………………67
補助記憶装置……………………18
補助単位…………………………13
ポスター印刷……………………65
ホスト名…………………………55
保存………………………………74

ホットプラグ……………………27
ホームポジション………………20

【ま】
マイクロコンピュータ…………79
マイコン制御……………………79
マイナンバー制度………………85
マウス……………………………21
マウスポインタ…………………32
マークアップ言語………………36
マザーボード……………………19
マージン…………………………66
マナー……………………………97
マルウェア………………………90
マルチタスク……………………30
右寄せ……………………………67
メインメモリ……………………18
メディアリテラシー……………91
メニューバー……………………32
メモリカード……………………26
メーラ……………………………59
メーリングリスト………………61
メールアドレス…………………59
メールサーバ……………………53
面接調査…………………………17
文字囲い…………………………67
文字数……………………………70
文字体裁…………………………65
モデム……………………………46
モバイルコンピューティング……85

モバイルワーク…………………85
モラルハザード…………………94

【や】
ユーザ ID…………………47,96
ユーザインタフェース…………33
ユーザビリティ…………………33
ユニバーサルデザイン…………33
用紙サイズ…………………65,70
用紙方向…………………………72
横書き……………………………72
余白………………………………70

【ら】
ラベル……………………………65
ランサムウェア…………………90
ルートディレクトリ……………34
ルビ………………………………68
ルール……………………………97
レイアウト………………………65
レイアウト印刷…………………65
レーザプリンタ…………………23
ロボット型………………………56
論理演算子………………………14

【わ】
ワードラップ……………………74
ワーム……………………………90

●本書と関連書籍の紹介を web サイトでご覧いただけます。

https://www.jikkyo.co.jp/ で

「情報検定」あるいは「J 検」を検索してください。

■監修

一般財団法人 職業教育・キャリア教育財団

■執筆

岩井　宏　静岡福祉大学

太田信宏　文教大学

齋藤裕美　多摩大学

●本書に関するご質問，ご不明点につきましては，書店・該当ページとご質問内容を明記のうえ，FAX または書面にてお送り願います。なお，ご質問内容によっては回答に日数をいただく場合もございます。また，ソフトウェアの機能や操作方法に関するご質問にはお答えできませんので，あらかじめご了承ください。
FAX：03-3238-7717

●表紙デザイン──難波邦夫

文部科学省後援

情報検定
情報活用試験 3 級公式テキスト

2020 年 3 月 10 日　初版第 1 刷発行
2024 年 1 月 28 日　　　第 5 刷発行

●執筆者　岩井　宏　ほか 2 名（別記）
●発行者　小田良次
●印刷所　壮光舎印刷株式会社

無断複写・転載を禁ず

●発行所　実教出版株式会社
〒102-8377
東京都千代田区五番町 5 番地
電話［営　　業］（03）3238-7765
　　［企画開発］（03）3238-7751
　　［総　　務］（03）3238-7700
https://www.jikkyo.co.jp/

ISBN 978-4-407-34882-8　C3004

Printed in Japan